云南省哲学社会科学规划一般项目（项目编号：YB2015035）

云南省教育厅科学研究基金一般项目（项目编号：2015Y121）

云南师范大学教师博士科研启动项目

人民币汇率波动对云南省与
东盟进出口贸易影响研究

——基于Copula相依关系视角

袁新宇　著

中国社会科学出版社

图书在版编目（CIP）数据

人民币汇率波动对云南省与东盟进出口贸易影响研究：基于 Copula
相依关系视角/袁新宇著 . —北京：中国社会科学出版社，2018.4
ISBN 978 - 7 - 5203 - 2420 - 5

Ⅰ.①人… Ⅱ.①袁… Ⅲ.①人民币汇率—汇率波动—影响—进出
口贸易—研究—云南、东南亚国家联盟 Ⅳ.①F832.63②F752.874

中国版本图书馆 CIP 数据核字（2018）第 072711 号

出 版 人	赵剑英	
责任编辑	刘晓红	
责任校对	周 昊	
责任印制	戴 宽	

出 版	中国社会科学出版社	
社 址	北京鼓楼西大街甲 158 号	
邮 编	100720	
网 址	http：//www. csspw. cn	
发 行 部	010 - 84083685	
门 市 部	010 - 84029450	
经 销	新华书店及其他书店	

印 刷	北京明恒达印务有限公司	
装 订	廊坊市广阳区广增装订厂	
版 次	2018 年 4 月第 1 版	
印 次	2018 年 4 月第 1 次印刷	

开 本	710 × 1000 1/16	
印 张	13.5	
插 页	2	
字 数	221 千字	
定 价	59.00 元	

凡购买中国社会科学出版社图书，如有质量问题请与本社营销中心联系调换
电话：010 - 84083683

前　言

　　进入 2016 年以来，在人民币汇率持续贬值、汇率不稳定的情况下，云南与周边国家贸易活动的汇率风险正在加大。而云南省与东盟国家进出口贸易多以贸易国货币或第三国货币作为计价结算货币，像货币掉期及期权交易等规避汇率风险的金融工具在云南的中小型外贸企业中很少采用。在此变化之下，怎样科学地度量人民币汇率波动对云南省与东盟成员国进出口贸易的影响，怎样有效降低东盟自贸区内的汇率风险及第三方货币结算风险，怎样全面提升云南省与东盟国家的贸易规模和水平，怎样进一步夯实中国的周边战略依托，"以经促政"实现"一带一路"倡议在东南亚方向的重要突破，这一系列问题已成为云南经济发展中亟待解决的重大现实问题。此研究对当前及未来中国周边外交战略的推进具有重要的意义，同时也正是本书研究的目的所在。

　　本书从非线性相依性的 Copula 模型的创新视角下，研究了人民币汇率波动对云南与东盟国家进出口贸易的影响，并进一步运用动态 Copula 模型描述了人民币汇率波动对云南与东盟国家进出口贸易影响的相依关系动态发展趋势。目前，高纬化是对于传统 Copula 模型构建的一个难题，本书运用了可以研究多元非线性相关性的藤结构 Copula，来研究人民币汇率和云南省与东盟国家进出口贸易之间的多元相依结构，从宏观方面提出了调整云南与东盟成员国进出口贸易及商品结构的政策建议，从微观方面提出了云南省对东盟成员国进出口贸易及外贸企业规避汇率风险的对策建议。本书研究成果对于相关决策者及外贸企业将具有重要参考价值，对云南社会经济发展将会产生积极的效益。

　　本书分为十六章：第一章和第二章主要介绍本书的研究背景、目的、意义以及国内外研究动态综述；第三章着重介绍静态 Copula 模型、动态 Copula 模型、藤结构 Copula 模型的内涵，以及如何构建 Copula 模型；第四章至第十三章分别探讨静态 Copula 模型、动态 Copula 模型在人民币汇率波动对云南与东盟十国进出口贸易的影响研究中的应用；第十四章运用藤结构 Copula 模型分析了汇率对云南与 GMS 国家进出口的影响；第十五章运用藤结构 Copula 模型分析了汇率对云南与非 GMS 的东盟国家进出口的影响；第十六章在综合分析了实证结论后，从宏观和微观方面提出了相关的对策建议。

在本书的研究过程当中，要感谢云南省哲学社会科学规划项目（YB2015035）、云南省教育厅科学研究基金项目（2015Y121）、云南师范大学博士科研启动项目给予的资助和支持。要感谢中国社会科学出版社、云南省哲学社会科学规划办公室、云南省教育厅、云南师范大学经济与管理学院和相关部门的领导和老师在本书研究和出版中的帮助和支持！同时还要感谢昆明海关、云南省统计局、云南省商务厅、云南省国际贸易学会相关领导及朋友在本书研究过程中提供的相关数据支持和文献材料。在此向你们表示最诚挚的谢意！

由于笔者学识有限，书中难免存在不妥之处，恳请各位专家和广大读者批评指正。

袁新宇

2017 年 12 月

目　录

第一章　绪论

第一节　研究背景

伴随着中国—东盟自由贸易区的发展和国家实施"一带一路"的发展倡议,云南省将从"末梢"和"边缘地区"变为开放前沿和面向东南亚的辐射中心。2010 年 1 月 1 日中国—东盟自由贸易区正式全面启动,自贸区建成后,其贸易额占世界贸易总量的 13%。自贸区是涵盖 11 个亚洲国家、19 亿人口、GDP 总量高达 6 万亿美元的巨大经济体,既是中国参与建成的最大自由贸易区,也是世界上第一个以发展中国家为主的国际经济合作组织。同时也是继北美自由贸易区和欧盟之后的世界三大经济合作组织之一。① 云南省地理位置优越,是南方丝绸之路经济带的重要组成部分,曾经的茶马古道。如今的昆曼公路、中缅油气管道等都凸显了云南省在南方丝绸之路上的重要地位。同时云南省是中国—东盟自由贸易区的交会点和接合部,与越南、老挝和缅甸三国接壤,区位优势明显。根据昆明海关统计,云南省与东盟十国进出口总额由 2006 年的 21.7 亿美元增加到 2015 年的 131.6 亿美元。从图 1 - 1 可以看到,云南省对东盟十国进出口总额的月度数据虽然有很大的波动,但有一个明显上升总趋势。尤其是在首届中国—南亚博览会与第 21 届中国昆明进出口商品交易会(2013 年)后云南对东盟十国的进出口额都有一个明显的上升趋势。

2015 年 1 月 19—21 日,习近平总书记来到云南考察云南经济社会发

---

① 翁东辉:《中国—东盟自贸区今年总贸易额或超北美自贸区》,中国经济网,2010 年 1 月 6 日。

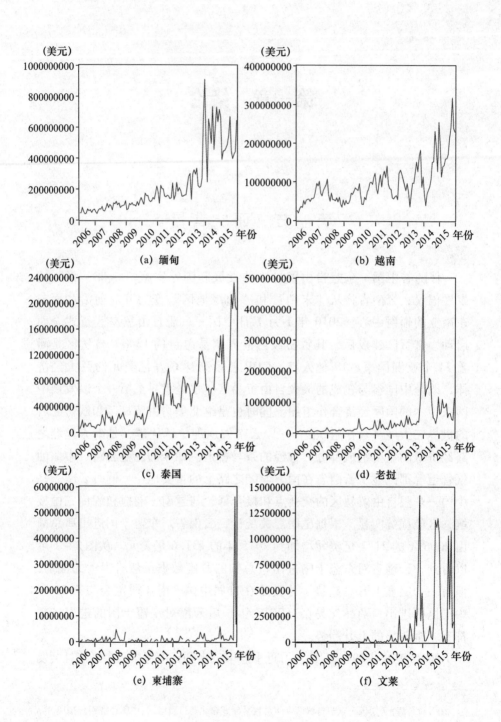

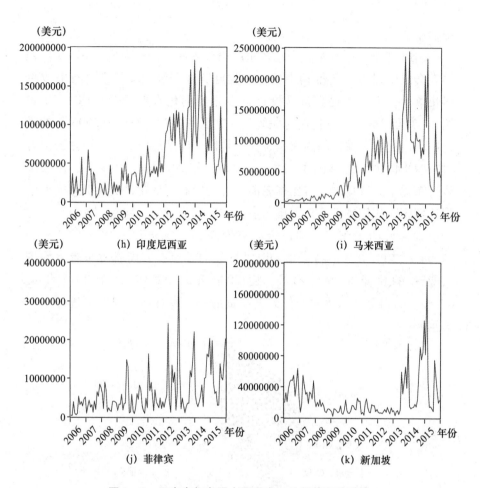

图 1-1 云南省与东盟十国进出口总额的变化趋势

资料来源：昆明海关。

展情况时强调："像云南这样发展滞后矛盾比较突出的地区，在保证发展质量和效益的前提下，速度上可以也可能适当快一些。"① 2015 年 3 月 28 日国家发展改革委、外交部、商务部联合发布的《推动共建丝绸之路经济带和 21 世纪海上丝绸之路的愿景与行动》一文中明确指出："要发挥云南区位优势，推进与周边国家的国际运输通道建设，打造大湄公河次区域经济合作新高地，建设成为面向南亚、东南亚的

---

① 《突出转型升级，推动跨越发展》，新华每日电讯，2015 年 12 月 21 日。

辐射中心。"①

2016 年 9 月 7 日李克强总理出席第十九次中国—东盟（10＋1）领导人会议中提出"要推动中国—东盟自贸区升级相关议定书有关成果尽快落地，进一步提高贸易投资自由化便利化水平。"② 从图 1－2 和图 1－3 可以看出，据昆明海关统计，在云南省对东盟十国 2006 年的进口中，占比排名前三的国家是缅甸、越南、印度尼西亚，分别占云南省对东盟十国进口总额的 32.1%、24.94% 和 24.5%。2015 年，在云南省对东盟十国进口中，占比排名前三的国家有所变化，贸易引力模型中的地理距离作用越发凸显，排名前三的分别是缅甸、越南、老挝，均为云南省接壤的国家，分别占云南省对东盟十国进口总额的 67.83%、15.54% 和 11.46%。特别是云南对缅甸的进口在云南省对东盟十国进口总额的比重呈增长趋势，由 2006 年的 32.1% 升至 2015 年的67.83%，可见，云南对缅甸的进口贸易在云南省与东盟十国进口中至关重要。

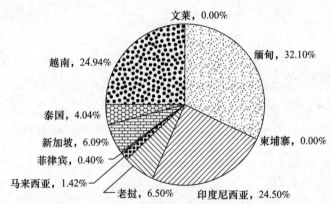

图 1－2 2006 年云南省对东盟十国进口情况

注：因为四舍五入，各分项百分比之和有时不等于 100%。

资料来源：昆明海关。

---

① 《推动共建丝绸之路经济带和 21 世纪海上丝绸之路的愿景与行动》，中华人民共和国商务部，2015 年 3 月 30 日。

② 《李克强：坚定信心 继往开来 推动中国—东盟关系更加全面深入发展》，中国政府网，2016 年 9 月 8 日。

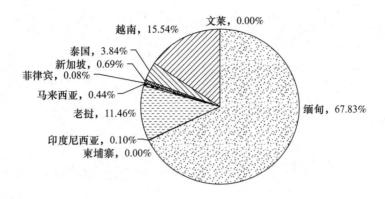

图1-3 2015年云南省对东盟十国进口情况

注：因为四舍五入，各分项百分比之和有时不等于100%。

资料来源：昆明海关。

从图1-4和图1-5可以看出，根据昆明海关统计，在云南省对东盟十国2006年的出口中，占比排名前三的国家是缅甸、新加坡、越南，分别占云南省对东盟十国出口总额的31.74%、26.38%和22.82%。2015年，在云南省对东盟十国出口中，占比排名前三的国家有所变化，分别是缅甸、越南、泰国，均为澜湄合作国家，分别占云南省对东盟十国出口总额的30.36%、18.93%和18.19%。云南对缅甸的出口占云南对东盟十国出口总额的近1/3，可见，云南对缅甸的出口贸易在云南省对东盟十国的出口中同样起到了举足轻重的作用。

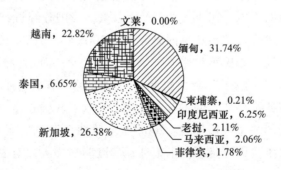

图1-4 2006年云南省对东盟十国出口情况

注：因为四舍五入，各分项百分比之和有时不等于100%。

资料来源：昆明海关。

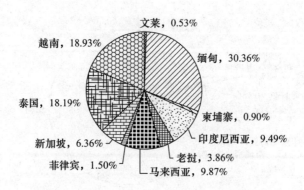

文莱，0.53%
缅甸，30.36%
越南，18.93%
泰国，18.19%
束埔寨，0.90%
新加坡，6.36%
印度尼西亚，9.49%
菲律宾，1.50%
老挝，3.86%
马来西亚，9.87%

图 1-5　2015 年云南省对东盟十国出口情况

注：因为四舍五入，各分项百分比之和有时不等于 100%。

资料来源：昆明海关。

因此，如何务实推进云南省与东盟国家的经贸合作，进一步夯实中国的周边战略依托，"以经促政"，实现"一带一路"倡议在东南亚方向的重要突破，是一个具有重要性和紧迫性的问题，对当前及未来中国周边外交战略的推进也具有重要的意义。

第二节　研究目的

汇率是我国对外开放中的重要经济变量之一，尤其对进出口贸易有着广泛而深远的影响。20 世纪 90 年代以来，我国陆续进行了关于人民币汇率变动对进出口贸易影响的研究。自 2005 年 7 月 21 日开始实行人民币汇率改革后，人民币汇率不再单一盯住美元，而是实行以市场供求为基础、参考"一篮子"货币机制进行调节的、有管理的浮动汇率制度。这一改变使汇率变动的不确定性变大，这对我国乃至全球范围内国际贸易的发展形成了严峻挑战。2008 年全球性金融危机爆发后，美元、欧元和日元等主要国际货币的汇率波动幅度明显增大，对中国的对外贸易造成了一定程度的影响。2016 年人民币汇率出现持续贬值，中国与东盟国家进出口贸易多以贸易国货币或第三国货币作为计价结算货币，而像货币掉期及期权交易等规避汇率风险的金融工具在云南的中小型外贸企业中很少采用，在汇率不稳定的情况下，云南的外贸企业与周边国家贸易活动的汇率风险正在加大。

2016 年 3 月"两会"期间李克强总理在报告中提出:"继续完善人民币汇率市场化形成机制,保持人民币汇率在合理均衡水平上基本稳定"①,已经成为目前我国经济发展的主要目标之一。而 2017 年人民币汇率的波动加剧,人民币汇率的持续波动和不确定性,将使云南省进出口贸易暴露在汇率波动的风险敞口中,将进一步对云南省进出口贸易商品的结构产生影响,同时会影响云南省与东盟国家的进出口贸易。由于云南省对外汇市场信息的敏感度不够,抗风险能力不足,汇率的变化极易使其价格优势丧失。在此变化之下,怎样科学地度量人民币汇率波动对云南省与东盟国家进出口贸易的影响,怎样有效降低自贸区内贸易的汇率风险及第三方货币结算风险,全面提升云南省与东盟国家的贸易规模和水平,进一步夯实中国的周边战略依托"以经促政",实现"一带一路"倡议在东南亚方向的重要突破,这一系列问题已成为云南经济发展中亟待解决的重大现实问题,同时也正是本书研究的目的所在。

第三节　研究意义

对于人民币汇率波动对进出口贸易影响问题的研究,近年来众多学者已经做了大量开创性的重要研究,但主要运用的是传统的线性回归分析方法。而从现有研究结果来看存在不一致性,有的研究指出汇率波动对进出口量会产生影响,有的研究则发现,汇率波动对进出口量不会产生明显影响。如马麟艳等(2007)运用误差修正模型对云南省进出口贸易进行了实证分析后得出,人民币汇率波动对云南进出口贸易的影响不太明显。余琼花(2008)通过运用线性回归模型得到,人民币汇率波动与云南省进出口贸易额之间的线性关系成立,但是,两者之间的相关性不强。方超(2008)通过运用协整模型得出,人民币汇率每贬值1%,云南省商品出口将下降1.28%。国舒云等(2012)运用普通最小二乘法得出,汇率波动对云南与东盟进出口贸易没有显著的促进或抑制作用。

---

① 《2016 年政府工作报告》(全文),新华社,2016 年 3 月 17 日。

　　以往的研究虽然应用了数量分析，并已经取得了具有重要意义的成果，但主要运用的是传统的线性回归分析方法。其研究较少地关注数量分析方法的适用性，可能忽视了数据的"尖峰""厚尾"性及非线性相关的一些特征。正如韦艳华、张世英（2008），傅强、郭娜（2009），易文德（2010）指出的，在金融风险相关性分析中，不同的市场之间，或不同的资产之间往往存在相互影响和波动的相关关系。由于常用多元GARCH模型研究多变量相关性问题，从而假定资产收益服从正态分布，并采用Pearson的线性相关系数（linear correlation）作为资产相关性度量指标，众多研究结果表明，许多金融资产的收益具有明显的厚尾性（heavy tailed）和尖峰性（leptokurtosis），与正态分布假设相差较大。

　　因此，本书在这里引入Copula模型意义重大。如韦艳华（2008），易文德（2010），吴恒煜、胡根华、吕江林（2016）等指出的，当市场发生重大波动时，线性相关系数也无法反映出资产收益曲线的尾部相依关系。传统线性相关系数是衡量变量间线性相关程度的重要指标，只有当变量在发生线性的变化时，测度才不会发生变化，但是当变量发生非线性变化时，这个相关系数是会变化的。而Copula函数对非线性和动态的相依关系的刻画具有较好的能力，当发生非线性的单调递增变化时，相关系数不会发生改变，这就解除了很多条件限制，增强了理论的适用性，极大地拓展了我们的研究领域。利用Copula模型，不但可以解决当人民币汇率与云南对东盟国家的进出口变量发生非线性相依关系变化时，相关系数产生变化，从而影响估计结果，还可以进一步描述其动态发展趋势。因此，运用静态Copula模型、动态Copula模型、藤结构Copula模型来分析云南省对东盟进出口与汇率之间的相依关系势在必行。

　　另外，在分析人民币汇率波动对云南与东盟国家进出口贸易的影响时，可能会陷入要同时构建多个变量的相依关系模型的困境。高纬化也正是目前对于传统Copula模型构建的一个难题，而传统的多维Copula模型却缺乏精确性，但是本书采用的藤结构Copula模型可以较好地弥补传统的多维Copula模型构建的不足。

　　综上所述，本书从非线性相依性的静态Copula模型、动态Copula模型、藤结构Copula模型的新视角下，来研究人民币汇率波动对云南与东盟国家进出口贸易的影响具有重要的理论和现实研究意义。

第二章　国内外研究动态综述

按照本书的研究逻辑，为理顺研究脉络，本书立足从汇率波动对进出口的影响的经典理论、Copula 模型、人民币汇率波动对云南与东盟国家贸易的影响三个方面，分别对国内外研究现状与发展动态进行分析。其中，汇率波动对贸易的影响理论和 Copula 模型的理论梳理，旨在引出静态 Copula 模型、动态 Copula 模型、藤结构 Copula 模型来分析人民币汇率波动对云南与东盟国家进出口的影响。人民币汇率波动对云南与东盟国家贸易的影响的评述旨在为研究人民币汇率波动对云南省与东盟国家进出口的影响建立分析框架。

第一节　汇率波动对进出口贸易影响的理论综述

在国际经济学中，研究汇率变化对于进出口影响的主要理论是弹性调节法：弹性调节法是以严格的经济学假设为基础，是在其他条件不变的条件下来研究汇率变化对进出口贸易市场的影响的。弹性调节法理论最早是由 Bickerdike（1920）、Robinson（1947）和 Metzler（1948）三位著名的经济学家所提出的，他们关于研究弹性调节法的理论是构成著名的 Bickerdike - Robinson - Metzler 条件的基石。

另外相关时期，英国经济学家马歇尔（1923）和美国经济学家勒纳（1944）提出了以两位经济学家命名的马歇尔—勒纳条件。马歇尔和勒纳认为一国汇率的变动是否能够影响该国的进出口额，应该考虑到他国对该国出口商品的需求弹性，这一过程需要符合马歇尔—勒纳条件，即本国的出口价格需求弹性与本国进口价格需求弹性之和的绝对值大于 1。近年来，伴随着时间序列理论的发展，经过大量的经济实践研究后发现，在汇率变化后，贸易收支状况会出现先恶化后好转的过程，这就是 J 曲线效应。

此外在学术界，关于汇率对进出口贸易影响问题的研究，由于研究的目的和对问题的认识等不同，使用的理论方法及建立的模型也不一样，因此存在一些分歧和差异，现将不同的研究结果归纳如下：

一　汇率波动对进出口贸易将产生影响

在国外相关研究中，Saang Joon BAAK（2008）使用 VEC 模型对人民币兑美元汇率与相关贸易之间的关系进行了协整分析，发现人民币贬值 1%，中国对美国出口将增加 1.7%。Kevin 和 Aaron（2013）运用多元 GARCH 模型发现汇率的不确定性给部分不发达国家的国际贸易带来负影响。Hooy、Siong – Hook、Chan（2015）发现，人民币汇率对东盟与中国的出口贸易的影响存在正相依关系。

在国内相关研究中，一些学者认为我国进出口需求的价格弹性较强，人民币升值对进出口贸易将产生影响。如方超（2008）运用协整模型得出：汇率每贬值 1%，云南省商品出口将下降 1.28%。苏振东、逯宇铎（2010）研究发现，当人民币升值后，将导致原材料和能源等重要工业生产投入要素的进口需求迅速增加。李宏彬、马弘、熊艳艳、徐嫄（2011）研究表明，当人民币实际有效汇率升值一个百分点，企业出口值将会减少 0.99 个百分点，与此同时，企业进口值也将降低 0.71 个百分点。胡宗义、刘亦文（2012）的结果表明，人民币汇率升值会导致各行业产值有所增加。高永霞（2014）研究表明，人民币汇率不会对通货膨胀产生直接影响，而是通过其自身波动引起进出口贸易的变化。佟家栋、许家云、毛其淋（2016）研究发现，人民币汇率升值对中国工业企业的出口决策、出口价格、出口数量和出口额均有显著的负作用。

二　汇率波动对进出口贸易不会产生明显影响

在国外相关研究中，Bahmani – Oskooee 和 Hegerty（2009）使用协整方法，发现货币贬值不会马上改善贸易收支平衡。Bahmani – Oskooee 和 Xu（2012）运用 VEC 模型发现，美元与加元的汇率波动对中国与美国贸易带来的影响很小。

在国内相关研究中，黄万阳、王维国（2010）指出，2005 年的汇率制度改革对解决中国和美国贸易不平衡的问题并没有发挥积极作用，贸易结构的变化可以影响中美贸易不平衡。刘尧成（2016）通过贝叶斯框架下的 TVP – VAR – SV 模型分析发现，汇率弹性理论在中国进出口贸易中并不成立。

三　汇率波动对进出口贸易的影响分为长期影响和短期影响

在国外相关研究中，Nadenichek（2006）运用 VEC 模型研究发现，在美国和其他 G – 7 国家存在 J 曲线效应。Wang、Lin 和 Yang（2012）运用面板协整检验等方法研究发现，当人民币升值后中国与三个国家之间的国际收支状况会长期恶化。

在国内相关研究中，张俊、袁天昂（2014）运用 AR – GARCH 模型和协整模型研究发现，人民币实际汇率波动与中国出口额之间呈长期的负相关，与进口额呈长期的正相关。而在短期内，进出口都与人民币实际有效汇率的波动呈显著的负相关。张陆洋、葛加国、钱东平（2015）研究发现，在人民币实际汇率变化对中美贸易的影响中，存在明显的修正 J 曲线效应，且随着我国汇率波动的增强，汇率对中美贸易的影响正逐步增强。赵颖岚、邓知博（2015）研究发现，我国在进口方面存在 J 曲线效应，而出口并不存在。张云、李秀珍、唐海燕（2017）研究发现，在我国与十二个贸易伙伴的进出口贸易中，人民币升值或贬值存在长期的不对称效应。通过非对称性检验可以看出，相较于对称性检验，非对称性检验模型更多地支持"J 曲线"，说明当人民币兑美元贬值时，可能出现恶化我国贸易收支而改善美国贸易收支的情况。

四　关于汇率传递的理论

在国外相关研究中，关于汇率传递理论，综合 Krugman（1986）和 Berman、Martin 和 Mayer（2012）的定义："汇率传递是指进口国与出口国之间的汇率变动一个百分点，使得以出口国货币计价的出口价格变动的百分比。"近期许多学者关注到了汇率非线性传递现象，如 Herger（2015）认为汇率传递非线性特点仍然与汇率的波动幅度相关，因为大幅度的汇率波动会促使大量企业退出或进入市场。

在国内相关研究中，曹伟、倪克勤（2010）指出，人民币汇率变动幅度越大，对进口贸易价格的传递效应越大。许婕（2013）利用分省的月度数据对人民币汇率的传递效应进行实证研究。肖霆、牙冬棉（2014）研究表明，人民币名义汇率对广西出口商品价格的传递不完全，由于广西出口商的市场竞争力较弱，其企业生产成本对出口价格的影响较小。李艳丽、杨峰（2016）研究得出，汇率对进口商品价格的传递系数有着一定的门限值。陈平、刘兰凤、袁申国（2016）研究得出，人民币汇率对产品进口价格的传递弹性具有对称性，而中国出口企业对东盟国家的产品定价权不同。

第二节　Copula 模型综述

Copula 是一个"连接"多维联合分布及其边缘分布的函数，由于不限制边缘分布的选择，可运用 Copula 理论构造灵活的多元分布，完整地刻画不同的变量之间的相依性结构，为弥补传统多元统计假设的不足与缺陷提供了一条有效的途径。

Copula 理论在国外，最早是由 Sklar 在 1959 年提出，Sklar（1959）的定理是 Copula 理论发展的基础。但当时的条件限制了它的发展和应用。

在国外随着计算机信息技术的迅猛发展和边缘分布建模问题的不断发展，Copula 的理论和应用也日趋完善，在 20 世纪 90 年代后期，Copula 理论迅速发展并运用到金融领域。近年来 Copula 理论已在计量经济学上得到广泛应用：Patton（2006）通过时变 Copula 模型，研究了德国马克和日元之间动态的相依关系。Bartram、Taylor、Wang（2007），以及 Ane、Thierry 和 Labidi（2007）运用 Copula 模型研究了欧洲期货指数之间的相依性关系。Wu、Chung 和 Chang（2012）运用动态 Copula – GARCH 模型估计了原油价格和美元汇率之间的相依关系结构。Juan C. Reboredo（2013）发现在汇率和原油价格之间不存在极端的相依关系。

伴随 Copula 理论与应用研究领域的拓展，Copula 函数逐渐较多地应用于汇率和期货市场，如 Salisu 和 Mobolaji（2013）的研究，Reboredo 和 Rivera – Castro（2013）的研究，Reboredo（2014）等的研究。此外还有 Truchis、Keddad（2016）研究了原油市场与美元与 4 个国家汇率之间的相依关系。

另外，动态性和藤结构 Copula（高纬化）是近年来 Copula 模型发展的新趋势。Pierre 和 Maugis（2010）发现了藤结构 Copula 系数的渐近正态性。Joe、Li 和 Nikoloulopoulos（2010）比较了不同藤结构的 Copu-la。Kurowicka（2011）研究了不同的藤结构 Copula。Yuan、Sriboonchit-ta 和 Tang（2014）运用藤结构 Copula 模型研究了原油价格、汇率、云南进出口及工业增加值之间的相依关系，发现云南出口和工业增加值存在很强的相依关系。Aloui 和 Aïssa（2016）研究了原油、期货价格、汇率之间的相依关系。Yuan 和 Chang（2016）运用藤结构 Copula 模型研究了汇率、原油价格、中国 GDP 和果蔬进出口之间的相依关系。

在国内相关研究方面，与国外学者对 Copula 理论的应用研究相比，虽然对 Copula 的研究起步较晚，但是对 Copula 函数分类研究以及相关的实证研究正在逐步开展起来。

一　在理论研究方面

易文德（2010）把 Copula 模型应用于金融时间序列相依结构的研究分析上，建立了几个基于 Copula 理论的模型以研究金融时间序列之间的相依结构。吴恒煌、陈鹏、严武、吕江林（2011）研究发现，Vine Copula 模型与单参数多维 Copula 存在一定的不同，使用 Vine Copula 模型在描述相依关系时具有较大弹性。

二　在计算方法方面

黄恩喜（2010）在运用 Copula - GARCH 模型的基础上，结合了 Vine Copula，找到一种既具有以往的 Copula - GARCH 模型的优点，同时又能解决高维情况下多变量间的尾部相关性差异难捕捉问题的模型，同时实证了 Vine Copula - GARCH 模型的可操作性。张国富、皇甫星、杜子平（2015）计算了 R Vine Copula 的参数置信区间。研究发现，"一篮子"货币汇率的决定很大程度上依赖于中心汇率，即人民币兑欧元的汇率。人民币兑各国的货币汇率的相依关系程度，体现了不同市场强弱的不同和市场间进出口贸易额的不同，混合 Vine Copula 中的排序一定程度上反映出了货币篮子中每个国家的经济实力及与中国的贸易额的大小。

三　在金融时间序列建模方面

崔百胜（2011）通过 Vine Copula - GARCH 模型，研究了人民币兑美元、港元、欧元、日元和英镑五种汇率收益率序列波动的条件与无条件相依变动关系。王相宁、张思聪（2015）通过构建半参数动态 Copu-la 模型，检验了人民币汇率与黄金价格间的动态相依关系，根据相依关

系的变化趋势，分析二者相依关系的影响因素。研究发现，人民币汇率
与黄金价格存在一定的正相依关系，且具有尾部对称的相依结构。张
晨、杨玉、张涛（2015）通过构建 Copul – GARCH 模型并运用 Monte
Carlo 模型计算了碳市场风险。实证发现，碳金融市场具有一定的波动
聚集性和异方差特性；碳价格的风险要高于汇率所带来的风险。胡根华
（2015）运用规则 Vine Copula 模型研究了人民币第一次汇改前后，6 种
不同国家的汇率之间的波动效应发现：在人民币第一次汇改前后，人民
币与 5 个国家的货币实际有效汇率的相依结构发生了转变，同时主导货
币也由美元变为人民币，人民币与各国的货币之间存在一定的对称或非
对称的尾部相依结构关系。姬强、刘炳越、范英（2016）对原油、天
然气、外汇市场间动态 Copula 相依关系进行了实证分析，研究发现，
跨市场的动态相依结构类型的确存在一定时变性。吴恒煜、胡根华、吕
江林（2016）运用 Vine Copula 模型探讨了不同的人民币汇率市场之间
的非线性相依结构关系。

四　股票市场风险量化管理方面

马锋、魏宇、黄登仕（2015）计算了四种 Vine Copula 结构对投资
组合的动态 VaR 预测值。吴智昊（2015）利用二元 Gaussian Copula 的
动态相依关系模型得出：美元兑人民币汇率与沪深 300 指数间具有动态
相依关系，从动态相依关系可以看出，自汇改以来，美元兑人民币汇率
与沪深 300 指数间存在显著的波动溢出效应。

第三节　人民币汇率波动对云南与东盟国家
进出口贸易的影响研究综述

人民币汇率对云南与东盟国家进出口影响问题的研究，是一个需要
不断持续深入研究的领域。

归纳起来：国舒云等（2012）运用普通最小二乘法模型和多重共
线性等检验得出：汇率波动对云南省与东盟进出口贸易的影响不存在显
著的相关性。张颖婕（2013）认为，人民币的持续升值，对于云南的
出口企业来说，利润空间在压缩，云南省中小企业首先应该了解国家和
政府给予的帮扶政策，并恰当使用衍生金融工具规避汇率风险。崔庆波

（2013）研究发现，人民币汇率升值对云南省的商品结构优化具有显著的正相关性，云南省的出口产品正在从传统的资源密集型向技术密集型和劳动力密集型转变，贸易结构持续优化。周爽（2014）认为，随着中国经济的快速增长，GMS 的建立，云南要积极推进人民币在大湄公河次区域的影响力。夏禹、杨永华（2016）研究发现，云南作为我国与东南亚经贸往来最为紧密的省份，云南省出口企业的产品往往存在出口价格较低的情况；人民币升值后，云南省的出口企业如果不能迅速应对，将难以承担人民币升值所带来的影响。吕娅娴（2016）发现，云南与东盟地区人民币跨境结算不仅有利于贸易水平的提高，使人民币成为东盟内主要结算货币，同时也有利于进一步推进人民币国际化。

第四节　本章小结

综上所述，综观国内外已有的研究，关于汇率波动对进出口的影响理论、Copula 模型、人民币汇率波动对云南与东盟国家进出口贸易影响的研究，内容丰富、充满启发性。但还有以下问题有待进一步研究：

（1）汇率波动对进出口贸易的影响理论，已经从传统的弹性调节法，发展到马歇尔—勒纳条件。近年来，伴随着时间序列理论的发展，出现了 J 曲线效应。众多国内外学者已经做了大量开创性的重要研究，但从现有研究结果来看存在不一致性，有的研究指出汇率波动对进出口量会产生影响或存在 J 曲线效应，有的研究则发现汇率波动对进出口量不会产生明显影响。这个矛盾从另一角度说明了利用传统的线性回归分析来进行研究，可能会忽视了数据的"尖峰""厚尾"性及非线性相关的一些特征，从而导致研究结果存在不一致性。而本书将利用 Copula 理论及模型，进一步描述人民币汇率波动对云南与东盟国家进出口之间的非线性相依结构。

（2）在目前的研究中，国内外有很多关于 Copula 的相关研究论文。但主要运用的是传统的静态 Copula 理论以及动态 Copula 理论，主要是二元模型。当分析人民币汇率对东盟国家进出口贸易影响的时候，可能会陷入要同时构建多个变量的相依模型的困境。而高纬化也正是目前对于传统 Copula 模型构建的一个难题。但是，藤结构 Copula 的出现，弥补了传统 Copula 模型构建的不足。因此，本书研究中将运用到可以研究多元非线性相关性的藤结构 Copula 及传统 Copula，来研究人民币汇率对云南与东盟十个成员国进出口贸易影响的多元相依关系问题。

（3）人民币汇率波动对云南与东盟国家进出口贸易的影响，只有很少的学者从量化分析角度来进行研究。而本书将从非线性量化分析的角度构建人民币汇率对云南与东盟国家进出口贸易的影响模型。

综上所述，国内外学者在汇率波动对进出口的影响、Copula 模型、人民币汇率波动对云南与东盟国家进出口贸易的影响的研究方面，已经取得了具有重要意义的研究成果。但对人民币汇率波动对云南—东盟国家贸易的影响进行量化模型研究，尤其是在非线性的 Copula 模型的创新视角下，研究人民币汇率波动对云南与东盟国家进出口影响，还是一个刚起步的新领域，有许多新问题等待我们去探索、去研究。

第三章　Copula 模型的内涵与建立

第一节　二元 GARCH – Copula 模型的建立

本书根据二元 Copula 模型（K = 2）的性质，以及 Wu、Chung 和 Chang（2012）中提出的 GARCH（1，1）模型，表达式如下：

$$
\begin{aligned}
&y_{i,t} = z_{i,1} + z_{i,2}y_{i,t-1} + z_{i,3}p_{i,t}^2 + e_{i,t} \\
&p_{i,t}^2 = \omega_{i,t} + \alpha_i e_{i,t-1}^2 + \beta_i p_{i,t-1}^2 \\
&e_{i,t} \mid \Psi_{t-1} = p_{i,t}k_{i,t}, \quad k_{i,t} \sim SkT(k_i \mid \eta_i, \lambda_i)
\end{aligned}
\tag{1}
$$

$z_{i,2}$ 能监测到非同步影响。当使用 GARCH 模型时，参数需要满足：$\omega_i > 0$；α_i，$\beta_i \geq 0$；$\alpha_i + \beta_i < 1$ 三个条件。$e_{i,t}$ 被假定为一个 skewed – t，它能捕捉到厚尾和非对称的特征。

根据 Hanse（1994）skewed – t 表达式如下：

$$
\text{skewed} - t(k \mid \eta, \lambda)
\begin{cases}
qc\left(1 + \dfrac{1}{\eta - 2}\left(\dfrac{qk + d}{1 - \lambda}\right)^2\right)^{-(\eta+1)/2}, & k < -\dfrac{d}{q} \\[3mm]
qc\left(1 + \dfrac{1}{\eta - 2}\left(\dfrac{qk + d}{1 + \lambda}\right)^2\right)^{-(\eta+1)/2}, & k \geq -\dfrac{d}{q}
\end{cases}
\tag{2}
$$

$$
d \equiv 4\lambda c \frac{\eta - 2}{\eta - 1}, \quad q^2 \equiv 1 + 2\lambda^2 - d^2, \quad c \equiv \frac{\Gamma(\eta + 1/2)}{\sqrt{\pi(\eta - 2)}\,\Gamma(\eta/2)}
\tag{3}
$$

其中，λ 和 η 分别表示参数的非对称性和参数的尖峰性。λ 的取值限定在 –1—1。当 $\lambda < 0$ 时表示左偏；当 $\lambda > 0$ 时意味着右偏。

第二节　静态 Copula 模型

本书将选择两类 Copula 模型家族来分析人民币汇率和东盟国家进

出口贸易的相依关系：Gaussian 和 Student – t Copulas（椭圆形 Copula 函数），Gumbel、Clayton、Plackett 和 Frank Copulas（阿基米德 Copula 函数）。而最适用的模型将通过比较不同 AIC 和 BIC 的取值来进行筛选。其中 Gaussian Copula、Plackett Copula、Frank Copula 反映的相依性的特点是具有对称性、双尾部不相依；Student – t Copula 函数反映的相依性的特点是具有对称性、双尾相依；Clayton Copula 和 Gumbel Copula 反映的相依性的特点是具有不对称性、单尾相依。

参照 Jondeau 和 Rockinger（2002），Gaussian Copula 函数的分布表达式如下：

$$C^{Gau}(m, w \mid \rho) = \Phi_\rho(\phi^{-1}(M), \phi^{-1}(W)) \tag{4}$$

其中，联合分布函数中的 Φ_ρ 是一个二元标准正态累积分布函数，ρ 表示 w 和 m 的相依关系，$\rho \in (-1, 1)$。

参照 Embrechts 等（2003），Student – t Copula 函数的分布表达式如下：

$$C^T(m, w \mid \rho, n) = t_{\rho,n}[t_n^{-1}(w), t_n^{-1}(m)] \tag{5}$$

Student – t Copula 是自由度为 n，相依关系为 ρ 的学生分布，Student – t Copula 函数反映的相依性的特点是具有对称性、双尾相依。

参照 Gumbel（1960），Gumbel Copula 函数的分布表达式为：

$$C_\theta^{Gum}(m, w \mid \theta) = \exp\{-[(-\ln m)^\theta + (-\ln w)^\theta]^{\frac{1}{\theta}}\} \tag{6}$$

Gumbel Copula 函数能够捕捉右尾相依关系，θ 是 m 和 w 的相依度，$\theta \in [1, +\infty)$，当 $\theta = 1$ 时表示 m 和 w 没有相依关系；当 $\theta > 1$ 时表示正相依关系。

参照 Clayton（1978），Clayton Copula 函数的分布表达式为：

$$C_\theta^{Clay}(m, w \mid \theta) = (m^{-\theta} + w^{-\theta} - 1)^{-\frac{1}{\theta}} \tag{7}$$

Clayton Copula 函数能够捕捉左尾相依关系，θ 是 m 和 w 的相依度，$\theta \in [0, +\infty)$，当 $\theta = 0$ 时表示 m 和 w 没有相依关系。

参照 Frank（1979），Frank Copula 函数的分布表达式为：

$$C^{Fra}(m, w \mid \tau) = \tau \log\left[\frac{(1 - e^\tau) - (1 - e^{\tau m})(1 - e^{\tau w})}{1 - e^{-\tau}}\right] \tag{8}$$

当 t = 0 时表示 m 和 w 没有相依关系，当 t > 0 时，表示正相依关系，当 t < 0 时，表示负相依关系。

参照 Nelsen（2006），Plackett Copula 函数的分布表达式为：

$$C^{Pla}(m, w \mid \tau) = \frac{1}{2(\tau-1)} [1 + (\tau - 1)(m + w)] -$$

$$\sqrt{[1 + (\tau-1)(m+w)]^2 - 4\tau(\tau-1)mw} \tag{9}$$

当 t = 1 时，表示 m 和 w 没有相依关系；当 τ→0 时，表示负的相依关系；当 t→∞ 时，表示正的相依关系。

第三节　动态 Copula 模型

本书使用 Pearson 相关系数 $\hat{p}_t$ 来描述动态 Gaussian Copula 和 Student – t Copula 相依关系。另外在动态阿基米德 Copula 使用 $\hat{\theta}_t$。假设相依参数由过去的相依关系和历史信息 $(m_{t-1} - 0.5)(w_{t-1} - 0.5)$ 来决定。参照 Wu、Chung 和 Chang（2012），Gaussian Copula 和 Student – t Copula 动态相依关系如下：

$$\hat{p}_t = \alpha_c + \beta_c \hat{p}_{t-1} + \gamma_c (m_{t-1} - 0.5)(w_{t-1} - 0.5) \tag{10}$$

动态阿基米德 Copula 相依关系如下：

$$\hat{\theta}_t = \alpha_c + \beta_c \hat{\theta}_{t-1} + \gamma_c (m_{t-1} - 0.5)(w_{t-1} - 0.5) \tag{11}$$

假定 $\hat{p}_t$ 和 $\hat{\theta}_t$ 由过去的 $\hat{\rho}_{t-1}$ 和 $\hat{\theta}_{t-1}$ 来决定。当 $0 \le \beta_c < 1$ 时参数 β_c 能够捕捉持续影响。γ_c 能够捕捉历史信息，为了确定相依参数在（-1，1）之内，我们可以进行适当的转换，可以写成 $\hat{p}_t = -\ln[(1 - p_t)/(p_t + 1)]$ 和 $\hat{p}_t = -\ln[(1 - \theta_t)/(\theta_t + 1)]$。

由于运用 Copula 理论建立相依结构模型时，边缘分布需为 [0, 1] 上的均匀分布，因而需要对上述变量进行概率积分变换（Probability Integral Transform，PIT）分别得到各个变量的边缘分布函数。本书将采用 Canonical Maximum Likelihood 来估计 Copula 模型的参数。

（1）现在将标准化残差转化为统一变量通过使用经验累积分布函数。

$$F_i(x) = \frac{1}{T+1} \sum_{j=1}^{T} I(x_{ij} \le x) \tag{12}$$

其中，$I(x_{ij} \le x)$ 是指标方程，当表述正确时 $I(x_{ij} \le x) = 1$，当表述错误时 $I(x_{ij} \le x) = 0$。

（2）估计 Copula 的参数通过使用最大似然估计。

$$\hat{\theta}_t = argmax_\theta \sum_{t=1}^{T} lnc_{it} [F_{1t}(x_{1,t}), \cdots, F_{nt}(x_{n,t}), \theta_c] \tag{13}$$

第四节 藤结构 Copula 模型

高纬化也正是目前对于传统 Copula 模型构建的一个难题。但是，藤结构 Copula（Vine Copula）的出现，弥补了传统 Copula 模型构建的不足。Kurowicka（2011）介绍了两种藤结构 Copula 的具体常规结构：C – vine和D – vine。

$$f(y) = \prod_{k=1}^{n} f_k(y_k) \prod_{l=1}^{n-1} \prod_{i=1}^{n-1} c_{i,i+1|i+1,\cdots,i+1-1} [F_{i|i+1,\cdots,i+1-1}(y_i|y_{i+1;i+1-1}),$$
$$F_{i+1j|i+1,\cdots,i+1-1}(y_{i+1}|y_{i+1;i+1-1})] \tag{14}$$

当 $y_{k1;k2} = (y_{k1}, \cdots, y_{k2})$ 时：

$$f(y) = \prod_{k=1}^{n} f_k(y_k) \prod_{l=1}^{n-1} \prod_{i=1}^{n-1} c_{l,i+1|1,\cdots,l-1} [F_{1|1-1-1}(y_1|y_1, \cdots, y_{l-1}),$$
$$F_{i+1|1+1-1}(y_{i+1}|y_1, \cdots, y_{l-1})] \tag{15}$$

其中，l 和 i 表示等级/树。表 3 – 1 为 5 个变量和 4 个等级/树的 C – vine 和 D – vine Copulas。

表 3 – 1 　　　　　　　　　　C – vine 和 D – vine

C – vine	D – vine
$c_{12} \cdot c_{13} \cdot c_{14} \cdot c_{15}$	$c_{12} \cdot c_{23} \cdot c_{34} \cdot c_{45}$
$c_{23\,|1} \cdot c_{24\,|1} \cdot c_{25\,|1}$	$c_{13\,|2} \cdot c_{24\,|3} \cdot c_{35\,|4}$
$c_{35\,|12} \cdot c_{34\,|12}$	$c_{14\,|23} \cdot c_{25\,|34}$
$c_{45\,|12}$	$c_{15\,|23}$

第五节 样本的选取与说明

本书选取了 2006 年 1 月至 2015 年 11 月云南省与东盟十国（越南、

泰国、缅甸、马来西亚、柬埔寨、菲律宾、印度尼西亚、新加坡、文莱和老挝）进出口额月度数据（资料来源：昆明海关统计）以及 2006 年 1 月至 2015 年 11 月人民币兑美元汇率月度数据（资料来源：国际货币基金组织，美国联邦储备委员会金融统计），共计 119 组数据。

第四章　汇率波动对云南与缅甸
进出口的影响研究

　　云南省是中国到缅甸陆上距离最近的省份之一，边境线约 2000 千米，与缅甸的经济贸易合作具有得天独厚的地缘优势。随着中国—东盟自由贸易区的建设进程不断加快，中国和缅甸一直有着频繁的产品进出口贸易。一直以来，缅甸和中国保持着丰富的经贸往来和友好的邻邦关系。边境贸易成了缅甸与云南合作的一大特点。由图 1 - 3 和图 1 - 5 可以看到，据昆明海关统计，2015 年缅甸是云南省对东盟国家进出口的第一大贸易伙伴，分别占云南省对东盟十国进口总额的 67.83%，对东盟十国出口总额的 30.36%。可见，云南对缅甸的进出口贸易在云南省与东盟十国贸易中起到了至关重要的作用。同时云南省也是缅甸在中国的第一大贸易省份。近年来，云南省与缅甸贸易额持续增长。据昆明海关统计，2015 年云南省对缅甸进出口贸易总额达到了 58.4 亿美元。

　　巩固和扩大云南省与缅甸的经贸合作，促进云南省与缅甸进出口贸易的健康稳定发展，对中国与东盟自由贸易区以及大湄公河次区域经济合作机制的发展有着无与伦比的重要作用。在云南省与缅甸的经贸合作发展的关键时期，进行人民币汇率波动对进出口贸易影响的科学度量尤为重要。2015 年 1 月 1 日起缅甸商品的"零关税"已经施行，产业合作将成为我国与缅甸双边经贸合作的重要增长点。在中缅贸易合作中云南省通过积极推动昆河公路、昆曼公路、泛亚铁路等中印缅陆路建设，为云南与缅甸的贸易提供机遇。在这样便利的交通下，如何充分发挥云南省自身的地理优势，加强云南省与缅甸的贸易，促进云南省与缅甸互补性产品的贸易是亟待解决的问题。

　　近年来缅甸经济增长迅速，在国际货币基金组织最新的世界经济展望报告当中（见图 4 - 1），IMF 预计缅甸经济 2016 年的增长速度将达到 8.6%。但 2011 年以来美国、日本等西方势力加大了对缅甸政局的介入力度，缅甸政府对我国的外交政策出现摇摆，已对我国在缅甸的投资产生巨大的影响。[①]

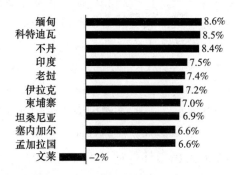

缅甸　　　　8.6%
科特迪瓦　　8.5%
不丹　　　　8.4%
印度　　　　7.5%
老挝　　　　7.4%
伊拉克　　　7.2%
柬埔寨　　　7.0%
坦桑尼亚　　6.9%
塞内加尔　　6.6%
孟加拉国　　6.6%
文莱　　　　−2%

图4-1　国际货币基金组织最新的世界经济展望

资料来源：国际货币基金组织。

近年来，一些学者对云南省与缅甸进出口贸易做出了重要研究，李晨阳和杨祥章（2013）研究发现，伴随着云南和缅甸的贸易发展，云南省与内地和国外的经济联系得到了加强，同时也刺激了云南省经济和现代工业的发展；推动了云南省的金融改革和发展。张梅（2014）研究发现，云南与缅甸进出口贸易与云南经济增长存在正相关性；但云南对缅甸出口的影响更大。同时云南的经济增长是云南向缅甸的出口的格兰杰原因，云南对缅甸的进口是出口的格兰杰原因。刘伟（2015）发现，云南边境贸易模式主要有云南与缅甸的双边小额贸易、边民互市贸易，其中前者归入我国的海关统计，而后者即边民互市贸易是一种以中缅居民之间边民自用为主的贸易形式，不计入我国的海关统计当中。谭启英（2015）、余磊（2016）认为，应该通过全面打造"孟中印缅经济走廊"，充分发挥中国与缅甸跨境经济合作区的作用，使其成为集进出口贸易、保税仓储等于一体的跨境经济合作区。李杰梅、杨扬、戬晓峰（2016）运用面板数据模型，对2006—2014年云南省与主要贸易国的进出口贸易额进行了实证分析。得出滇缅的实际贸易水平明显高于预测水平，滇缅贸易联系紧密，属于"贸易过度型"。刘成庚（2016）运用

_____

[①] 刘稚、邵建平：《大湄公河次区域合作：进展与展望（2015）》，社会科学文献出版社2015年版，第17页。

显性比较优势和贸易互补性指数从边境贸易商品结构、边境贸易规模和边境贸易方式三个方面定量分析了云南边境贸易发展的现状，发现滇缅贸易的包容性主要体现在进出口产品和产品结构高度的互补性上，这种互补性主要体现在工业制成品和资源类产品的产业间贸易。

　　目前人民币汇率的波动和不确定性，将使我国进出口贸易暴露在汇率波动的风险敞口中，进一步对云南与东盟国家的进出口贸易产生影响。外贸企业对外汇市场信息的敏感度不够，抗风险能力不足，汇率的变化极易使其价格优势丧失。目前东盟国家内各国间结算主要还是使用美元。中国与东盟国家主要是贸易逆差，而东盟国家对人民币的升值预期将会增强进口方接纳人民币计价的意愿。但 2016 年人民币汇率出现持续贬值，东盟国家对人民币有贬值预期的国家将会减少接纳人民币计价的意愿。

　　模型选取了 2006 年 1 月至 2015 年 11 月云南省对缅甸进出口额月度数据以及 2006 年 1 月至 2015 年 11 月人民币兑美元汇率月度数据，共计 119 组数据。据昆明海关统计，由图 4 - 2 可以看出，自 2006 年至 2015 年，十年来云南对缅甸进口由 1.7095 亿美元增加到了 33.3969 亿美元，十年增长了 18.5 倍，云南对缅甸出口额由 5.2113 亿美元增加到 25.0241 亿美元，是 2006 年的 4.8 倍。

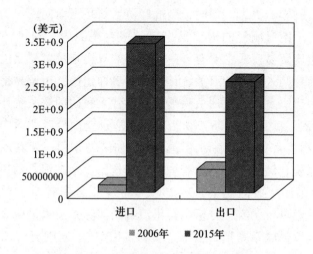

图 4 - 2　云南省对缅甸十年进出口变化

资料来源：昆明海关。

由图 4 - 3 我们可以看到，在首届中国—南亚博览会与第 21 届中国昆明进出口商品交易会（2013 年）后云南对缅甸的进出口额，虽然有很大的波动，但有一个明显上升的总趋势。可见云南对缅甸的进出口贸易不仅对缅甸的经贸发展有着重要的作用，对于云南的经贸发展也有着同样重要的意义。2008—2009 年受到国际金融危机影响，人民币汇率政策采取盯住美元，人民币升值速度放缓，人民币升值的市场基础削弱，甚至出现贬值情况。本章用 $y_{1,t}$、$y_{2,t}$、$y_{3,t}$（$t = 1$，2，…，T）分别表示云南省对缅甸进口额、出口额和人民币兑美元汇率月度数据序列，用 $r_{1,t}$、$r_{2,t}$、$r_{3,t}$ 分别表示云南省对缅甸进口额、出口额和人民币兑美元汇率对数递增率。即 $r_{i,t} = \ln(y_{i,t}/y_{i,t-1})$，（$i = 1$，2，3）。

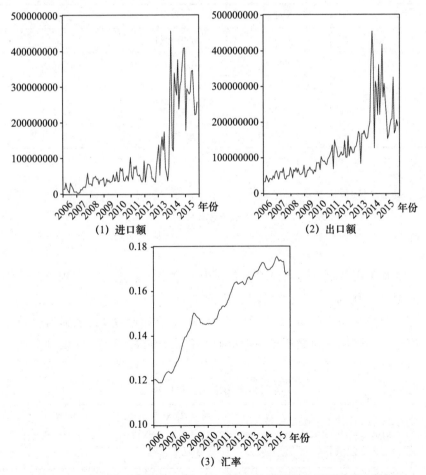

图 4 - 3　云南省对缅甸进口额、出口额和人民币兑美元汇率月度数据

从云南省对缅甸进口额、出口额和人民币兑美元汇率对数递增率描述性统计（见表4-1）可以看出：从偏度和峰度来看，云南省对缅甸的出口额和人民币兑美元汇率的偏度小于零，峰度大于3，其分布呈现出"左偏，尖峰"的分布形态，云南省对缅甸的进口额的偏度大于零，峰度大于3，其分布呈现出"右偏，尖峰"的分布形态，从J—B统计表明三递增率序列遵循正态分布的假设遭到拒绝，说明递增率序列均不服从正态分布。

表4-1　　　　　云南省对缅甸进口额、出口额和
人民币兑美元汇率对数递增率描述性统计

	进口	出口	汇率
均值	0.025016	0.014964	0.002855
标准差	0.520568	0.295018	0.006473
偏度	0.585095	-0.264724	-0.600438
峰度	5.275784	4.958381	6.148564
J—B统计量	32.19699	20.23489	55.83151

第一节　边缘分布的确定

本章采用ADF和PP检验对各对数递增率序列进行单位根检验，考察是否有"伪回归"现象出现，检验结果如表4-2所示，由表4-2可知，所有收益率序列ADF检验和PP检验统计量在1%的显著性水平上都显著，表明各对数递增率序列是平稳的，可进行下一步实证分析。

表4-2　　　　　　　各对数递增率单位根检验

	进口	出口	汇率
ADF	-8.814499***	-12.23567***	-5.931382***
PP	-39.74410***	-52.79829***	-5.831171***

注：***表示在1%的显著性水平上显著。

本章运用了 Kolmogorov – Smirnov（K—S）检验某一样本是否服从特定的边缘分布。利用 K—S 检验方法来检验概率积分变换后的序列是否服从（0，1）均匀分布。若没有充足的证据拒绝原假设，则可以推断对所研究的变量边缘分布的假设是正确的。

表 4 –3 　　　　　　　　　　边缘分布的 K—S 检验

	汇率	进口	出口
K—S 检验	0.9836	0.9836	0.983

根据表 4 –3 中 K—S 检验的结果，检验统计量对应的概率值远大于检验的临界概率值 0.10、0.05 和 0.01，没有充足的证据拒绝原假设，则可以推断云南省对缅甸进口额、出口额和人民币兑美元汇率的边缘分布的假设是正确的。所以可以认为，云南省对缅甸进口额、出口额和人民币兑美元汇率均服从由核密度估计得到的分布函数。

第二节　静态 Copula 模型

表 4 –4 选择了六种具有代表性的静态 Copula 函数通过 R 软件来构建相应的二元 Copula 模型，从表中可以看出，在汇率与进口中，只有在 Placket Copula 存在非常显著的正相依关系，并超过了边界 0.072642。然而在汇率与出口中，在 Clayton Copula 存在显著的正相依关系，左尾相依值为 0.2606609，而在 Gumbel Copula 和 Placket Copula 同样存在非常显著的相依性，分别超过了边界 0.015567 和 0.310932。我们通过 AIC 和 BIC 的取值比较可以得出，在汇率与进口相依关系中，只有在 Placket Copula 存在非常显著的相依关系。同时，在汇率与出口的相依关系中，Clayton Copula 所对应的 AIC 和 BIC 信息准则的值是六种 Copula 模型中最小的值。因此，Clayton Copula 相对于其他五种 Copula 模型在汇率与进口相依关系中更合适、更准确。

表 4 – 4 　　　　　　　　　　静态 Copula – GARCH 模型结果

	汇率—进口	汇率—出口
Gaussian Copula		
ρ	0. 03339021 (0. 09733102)	0. 119288 (0. 08794246)
AIC BIC	1. 845699 1. 910157	0. 153156 0. 217614
Student – t Copula		
ρ	0. 02206098 (0. 1060504)	0. 08941787 (0. 09963107)
AIC BIC	8. 517112 8. 58157	0. 949026 1. 013484
Clayton Copula		
θ	0. 108922 (0. 126154)	0. 2606609 * (0. 1504486)
AIC BIC	0. 56687 0. 631328	− 4. 68614 − 4. 62168
Gumbel Copula		
θ		1. 015567 *** (0. 05481472)
AIC BIC		1. 93023 1. 994688
Placket Copula		
τ	1. 072642 *** (0. 2814477)	1. 310932 *** (0. 3223793)
AIC BIC	1. 91117 1. 975628	0. 973191 1. 037649
Frank Copula		
τ	0. 1503581 (0. 5249024)	0. 5130975 (0. 4971374)
AIC BIC	1. 904761 1. 969219	1. 027604 1. 092062

注：（1）表 4 – 4 表示 Copula 的参数估计值，标准差（括号内）。

（2）***、**和*分别代表在 1%、5% 和 10% 的水平上显著。

（3）汇率与进口中，Gumbel Copula 没有结果，说明 Gumbel Copula 不适用。

第三节　动态 Copula 模型

表 4 - 5 是 GARCH 模型结果，最适合的模型通过比较不同模型的 AIC 的取值进行筛选。通过比较，对于汇率来说 ARMA（1，0）—GARCH（1，1）是最合适的模型。而进口和出口最适合的模型分别是 ARMA（1，2）—GARCH（1，1）和 ARMA（2，2）—GARCH（1，1）模型，其中进口和出口系数 α_i 都非常显著。而 β_i 的系数只有进口显著。结果说明进口和出口存在短期效应，而进口同时还有一定的长期效应。汇率和云南对缅甸进出口的条件方程的结果（$\hat{\alpha} + \hat{\beta}$）分别为 0.3602553、0.925674、0.692153。汇率和云南对缅甸进出口的非对称参数 λ_i 都为正且显著。

表 4 -5　　　　　　　　　　　　　GARCH 模型结果

	汇率	进口	出口
Z_1	0.002762 ** (0.001387)	0.017933 ** (0.010164)	0.014392 *** (0.002795)
ω_i	0.000017 *** (0.000006)	0.015897 (0.01443)	0.024529 *** (0.00691)
α_i	0.2231363 (0.187282)	0.247936 *** (0.120188)	0.692153 *** (0.10683)
β_i	0.137119 (0.237752)	0.677738 *** (0.133651)	0.000000 (0.192098)
η_i	6.430920 *** (3.071727)	59.999984 (89.463074)	31.26464 (79.213698)
λ_i	0.750102 *** (0.14021)	0.839061 *** (0.162617)	1.359546 *** (0.298345)
Z_2	0.668917 *** (0.076997)	- 0.06097 (0.362089)	- 0.316422 (0.236978)
Z_3			- 0.215367 *** (0.085016)

续表

	汇率	进口	出口
Z_4		- 0. 343451	- 0. 615672 **
		(0. 320937)	(0. 265076)
Z_5		- 0. 376445 **	- 0. 137290
		(0. 198806)	(0. 224580)

注：(1) 括号内数据为标准差。

(2) 当 $|t| > 1.64$、1.96、2.576 时，用 * 、** 、*** 分别表示在 10%、5% 和 1% 的水平上显著。

表 4 - 6 是不同的动态 Copula - GARCH 方程的参数估计结果，四个部分分别是 Gaussian 相依结构、Student - t 相依结构、Gumbel 相依结构和 Clayton 相依结构。我们通过 AIC 的取值比较可以得出，在汇率—进口相依结构中，Clayton Copula 所对应的 AIC 信息准则的值是四种 Copula 模型中最小的值。因此，Clayton Copula 相对于其他三种 Copula 模型的解释能力更强。而在汇率—出口相依结构中 Gumbel Copula 所对应的 AIC 信息准则的值是四种 Copula 模型中最小的值，相对于其他三种 Copula 模型 Gumbel Copula 的解释能力更强。在汇率—出口相依结构中 Gumbel 相依关系的 β_c 接近 1 且显著，说明汇率—出口相依结构存在高度长期相依关系。

表 4 - 6 　　　　　　　　　　　动态 Copula - GARCH 结果

Copula - GARCH		
	汇率—进口	汇率—出口
Panel A: Estimation of Gaussian dependence structure		
α_c	0. 074557	0. 13317
	(0. 090288)	(0. 20824)
β_c	0. 783584 ***	- 0. 67563 *
	(0. 213140)	(0. 36758)
γ_c	- 0. 183381	- 0. 29744
	(0. 248406)	(0. 31865)
$\ln(L)$	0. 5583522	0. 4449974

续表

Copula – GARCH		
	汇率—进口	汇率—出口
	4. 883296	5. 110005
Panel B：Estimation of Student – t dependence structure		
α_c	0. 097876	0. 05256
	(0. 171239)	(0. 18011)
β_c	0. 210048	0. 11841
	(0. 821450)	(0. 71420)
γ_c	− 0. 801639	1. 77497
	(2. 107334)	(1. 90970)
n	55. 430526 ***	12. 60447 ***
	(0. 648329)	(2. 68095)
ln(L)	− 0. 05702328	0. 8883064
AIC	8. 114047	6. 223387
Panel C：Estimation of Gumbel dependence structure		
α_c	− 103. 978156 ***	− 1. 183152
	(4. 390905)	(0. 596917)
β_c	0. 290683 ***	0. 957802 ***
	(0. 017435)	(0. 010986)
γ_c	718. 036416 ***	− 71. 914122
	(24. 307844)	(23. 274039)
ln(L)	0. 08946832	1. 838993
AIC	5. 821063	2. 322014
Panel D：Estimation of Clayton dependence structure		
α_c	− 0. 035603	− 0. 050238
	(0. 095841)	(0. 092557)
β_c	0. 069999	0. 086246
	(0. 390880)	(0. 564524)
γ_c	0. 315950	0. 999748
	(0. 264422)	(0. 868457)
ln(L)	1. 609075	0. 7969423
AIC	2. 78185	4. 406115

注：*、**和***分别表示在10%、5%和1%的显著性水平上显著。

　　人民币汇率与云南对缅甸进口的四种不同动态 Copula 相依关系如图 4 - 4 所示，在汇率—进口相依结构中，Clayton Copula 所对应的 AIC 信息准则的值是四种 Copula 模型中最小的值。因此，Clayton Copula 相对于其他三种 Copula 模型的解释能力更强。从动态的 Clayton Copula 图中我们可以看到，人民币汇率与云南对缅甸进口动态相依关系大多是在 0—0.2 浮动，说明人民币汇率与云南对缅甸进口存在动态的正相依结构，但是我们可以看到在 2008—2009 年出现了明显的下降，可能是受到了 2008 年金融危机的影响。此外在 2014 年出现了明显的负相关。

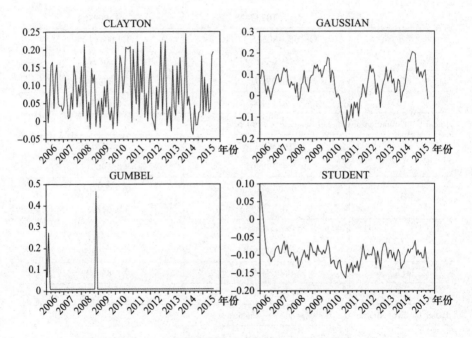

图 4 - 4　汇率与进口的动态 Copula 相依关系

　　在汇率—出口相依结构中（见图 4 - 5），Gumbel 所对应的 AIC 信息准则的值是四种 Copula 模型中最小的值。因此，Gumbel 相对于其他三种 Copula 模型的解释能力更强。从动态的 Gumbel Copula 图中我们可以看到人民币汇率与云南对缅甸出口动态相依关系在 2006 年和 2007 年存在很强的正相依结构。但是在 2007 年之后相依性一直很弱。

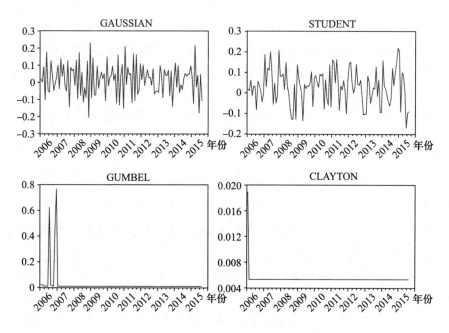

图 4 - 5 汇率与出口动态 Copula 相依关系

第四节 本章小结

　　静态 Copula 实证结果表明，人民币汇率与云南省对缅甸进出口贸易额之间的静态 Copula 相依关系成立，在人民币汇率与云南省对缅甸进口贸易的相依关系中，只有在 Placket Copula 存在非常显著的正相依性，并超过了边界 0.072642。说明人民币升值对于云南省对缅甸进口有一定的促进作用，人民币升值导致从缅甸进口原料的价格降低，云南省企业可以节约生产中的原材料成本，扩大利润空间。在人民币汇率与云南省对缅甸出口贸易 Copula 相依关系中，我们没有得到预计的结果（即随着人民币的贬值，出口商品的价格下降，出口的低价会促使出口量增长）。反而，在汇率与出口的相依关系中，得出在 Clayton Copula 存在一定显著的正相依关系，即当人民币汇率暴跌时，云南省对缅甸出口额同时也会大幅度下滑。因此不排除可能会有 J 曲线效应的存在，即出口增长需要投资增加生产，因此有时滞，贬值的作用难以即刻到位。

动态 Coplula 实证结果表明，人民币汇率与云南省对缅甸进出口贸易额之间的动态 Copula 相依关系成立，通过比较 AIC 的取值，对于汇率来说 ARMA(1，0)—GARCH(1，1)是最合适的模型。而进口和出口最适合的模型分别是 ARMA(1，2)—GARCH(1，1)和 ARMA(2，2)—GARCH(1，1)模型，其中进口和出口系数 α_i 都非常显著。而 β_i 的系数只有进口显著。结果说明进口和出口存在短期效应，而进口同时还有长期效应。

通过 AIC 取值比较可以得出，在汇率—进口相依结构中，Clayton Copula 相对于其他三种 Copula 模型的解释能力更强。而在汇率—出口相依结构中，Gumbel Copula 的解释能力更强。在汇率—出口相依结构中存在高度长期相依关系。

从动态的 Clayton Copula 图中我们可以看到人民币汇率与云南对缅甸进口动态相依关系大多是在 0—0.2 浮动，说明人民币汇率与云南对缅甸进口存在动态的正相依结构，这与静态 Copula 的结果一致，说明人民币升值对于云南省对缅甸进口有一定的促进作用，人民币升值导致云南从缅甸进口原料的价格降低，云南省企业可以节约生产中的原材料成本，扩大利润空间。但是我们可以看到在 2008—2009 年出现了明显的下降，可能是受到了 2008 年金融危机的影响。此外，在 2014 年出现了明显的负相关，可能是受到 2014 年人民币兑美元汇率全年贬值 0.36% 的影响。2014 年美国经济复苏、美元走强是人民币汇率贬值的直接原因。而缅甸对云南出口持续上升，导致了人民币与云南对缅甸进口由正相依结构转变为负相依结构。

在汇率—出口相依结构中，Gumbel 所对应的 AIC 和 BIC 信息准则的值是四种 Copula 模型中最小的值。因此，Gumbel 相对于其他三种 Copula 模型的解释能力更强。从动态的 Gumbel Copula 图中我们可以看到，人民币汇率与云南对缅甸出口动态相依关系在 2006 年和 2007 年存在很强的正相依结构，这与静态 Copula 相依结果一致。但是在 2007 年之后相依性一直很弱。我们推断这个正相依关系只存在了非常短的时期（2006—2007 年）。在汇率—出口相依结构中主要是存在长期的很弱的相依关系，即排除了静态结果中推断的 J 曲线效应的存在。说明汇率贬值反而促使云南对缅甸出口下降只是一个短时间现象，大部分时间云南对缅甸的出口受到人民币汇率波动的影响很少。

第五章　汇率波动对云南与越南
进出口的影响研究

　　越南与中国的云南省和广西壮族自治区接壤，面积32.9万平方千米。2016年，中国和越南进出口贸易额达到982亿美元。目前，我国是越南第一大进出口贸易伙伴，也是越南农产品的主要出口国家，随着我国自越南进口额不断扩大，中越贸易也更加平衡。[①] 越南是农业大国，盛产稻米、马铃薯、番薯、玉米和木薯等农作物。同时越南矿产资源非常丰富多样，其中铁、煤、铝储量较大。越南是我国企业"走出去"战略的重点地区，越南主要从我国进口工业原材料和机电产品等，向我国出口农产品和矿产资源等。[②]

　　云南省与越南山水相连，口岸相通，为云南与越南贸易合作提供了得天独厚的地缘优势。由图1-3和图1-5可以看到，据昆明海关统计，截至2015年，在云南省对东盟十国进口中，越南依然保持第二大进口贸易伙伴国地位，在云南省对东盟十国出口中，同样排名第二，分别占云南省对东盟十国进口总额的15.54%，对东盟十国出口总额的18.93%。云南与越南贸易在总体上也呈现增长的趋势。但由于广西等省区对越南的进出口增加，云南对越南的进出口总额占中国和越南贸易总额的比重逐渐呈现下降的趋势。同时，近年来越南经济发展中也出现了"瓶颈"，贸易增速也出现一定程度的下滑。

　　根据《中国—东盟全面经济合作框架协议》，越南政府颁布了关于2016—2018年东盟和中国进口产品的特殊关税优惠政策："我国出口的数百种产品将享受零关税，产品包括蔬菜、水果、加工或腌制鱼类及其

---

　　① 林晖：《中国越南双边贸易额"冲击"千亿美元》，新华社，2017年5月12日。
　　② 《聚焦中国与越南经贸发展》，中国经济网，http://intl. ce. cn/zhuanti/2013/jjzgyynjm-fz/index. shtml。

他海鲜产品，还有可可、可可产品、水泥、面粉和肉类产品等。"① 优惠政策为滇越贸易往来创造了贸易便利化条件。在云南对越南进出口的研究中，很多学者做出了重要的研究贡献，如王劲惠、史红亮、杨俊、计斌（2015）运用贸易引力模型研究发现，云南的 GDP 对云南对越南的进出口具有显著的正向相关性，云南的 GDP 增长能够显著促进云南对越南的进出口贸易水平，因此提升对云南进出口贸易水平的重中之重在于扩大云南省的经济发展规模；云南省应在扩大经济发展规模的同时，完善好交通基础设施建设，特别是要积极推进对越的基础设施建设。程敏、唐兴旺（2014）研究发现，当云南省 GDP 每增加 1 亿美元时，云南和越南的边境贸易增加 20 万美元；云南地理优势所带来的贸易成本下降可以降低交货成本，从而进一步促进云南省与越南四省边境贸易的发展。秋梅、张义伟、王艳（2015）认为，在促进云南和越南的贸易过程中，首先需要进一步完善中越两国边境出入手续，合理规划，清除不合理的收费，提高两地海关人员的工作效率，进一步完善两地的国际贸易法律体系建设。程敏（2015）研究发现，云南省经济增长对云南与越南的边境贸易有较大的影响，云南省 GDP 每增加 1 个百分点，云南与越南的边境贸易将增加 1.62 个百分点，云南省 GDP 是边境进出口贸易的格兰杰因果原因，在云南省 8% 的经济增长速度下，则云南对越南的进出口边境贸易可保持 12.88% 的增速。刘成庚（2016）发现，滇越边境贸易的包容性主要体现在进出口商品和产品结构高度的互补性上，主要体现在工业制成品和资源类产品的产业间贸易。赵欢（2016）认为，就云南省边境贸易的发展来说，应该通过主动实施招商引资政策吸引更多具有优势的优秀企业进驻，并合理运用资源提升云南和越南边境地区的产品加工制造水平，增加产品的附加值。

在人民币汇率波动对滇越贸易影响的研究方面，也有大量的学者做出了重要的贡献，如彭健（2012）研究发现，目前滇越间的贸易中，银行仅开通了汇付业务，而像信用证和银行保函等国际贸易的主要需求业务没有开通。对于大宗的双边贸易很不方便。资金风险和货款纠纷的问题比较突出。李燕（2012）研究发现，滇越在双边贸易和人民币跨

---

① 《越南公布实施〈中国—东盟自贸协定〉2016—2018 年特别优惠关税方案》，中华人民共和国商务部，2016 年 11 月 4 日。

境结算的发展过程中存在两国政策不统一、银行跨境结算不畅通等问题，严重制约了滇越进出口贸易的稳定发展，制约了人民币跨境结算范围。李继云（2013a）认为，云南省应该在越南进一步推进人民币跨境结算，通过运用回归分析发现，云南和越南的贸易与经济增长存在高度的相关性和长期稳定的均衡关系，两地进出口贸易对促进云南省的经济发展起到了积极的促进作用。李继云（2013b）认为，云南省应该在越南深入推进人民币跨境结算。对云南省的出口企业来说，通过人民币跨境结算可以节约 3%—5% 的成本；通过人民币跨境结算可以降低成本增加收益，同时规避汇率风险。2015 年 9 月云南省富滇银行推出人民币兑越南盾汇率挂牌交易，这对于云南省建设面向南亚东南亚辐射中心和沿边金融综合改革试验区具有重要意义。[①] 2016 年人民币汇率出现持续贬值，东盟国家对人民币有贬值预期的国家将会减少接纳人民币计价的意愿。汇率风险的加大，对中国外贸企业与周边国家进出口贸易造成了一定程度的影响，同时对中国—东盟国家贸易的发展形成了严峻挑战。

　　本章选取了 2006 年 1 月至 2015 年 11 月云南省对越南进出口额月度数据以及 2006 年 1 月至 2015 年 11 月人民币兑美元汇率月度数据，共计 119 组数据。根据昆明海关统计，从图 5-1 可以看出，自 2006 年至 2015 年，云南对越南进口由 1.3282 亿美元增加到了 7.6528 亿美元，增长了 4.7 倍，云南对越南出口由 3.7463 亿美元增加到了 15.6056 亿美元，十年增长了 3.1 倍。由图 5-2 我们可以看到，因为受到金融危机的影响，2008 年和 2009 年云南对越南进出口有所下滑，尤其是出口下滑比较明显。但 2010 年后，云南与越南贸易逐渐摆脱金融危机的影响，虽然有很大的波动，但呈上升的总趋势。本章用 $y_{1,t}$、$y_{2,t}$、$y_{3,t}$（$t=1,2,\cdots,T$）分别表示云南省对越南进口额、出口额和人民币兑美元汇率月度数据序列，用 $r_{1,t}$、$r_{2,t}$、$r_{3,t}$ 分别表示云南省对越南进口额、出口额和人民币兑美元汇率对数递增率。即 $r_{i,t}=\ln(y_{1,t}/y_{i,t-1})$，（$i=1,2,3$）。

　　① 《云南本土最大商业银行推出人民币与越南盾跨境结算服务》，央广网，2015 年 9 月 19 日。

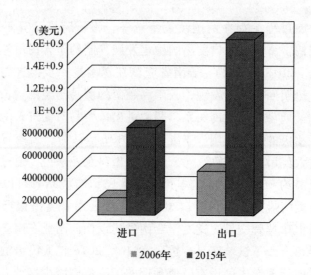

图 5 - 1　云南省对越南十年进出口变化

资料来源：昆明海关。

　　从云南省对越南进口额、出口额和人民币兑美元汇率对数递增率描述性统计（见表 5 - 1）可以看出：从偏度和峰度来看，云南省对越南的出口额和人民币兑美元汇率的偏度小于零，峰度大于 3，其分布呈现出"左偏，尖峰"的分布形态，云南省对越南的进口额的偏度大于零，峰度大于 3，其分布呈现出"右偏，尖峰"的分布形态，从 J—B 统计量表明三递增率序列遵循正态分布的假设遭到拒绝，说明递增率序列均不服从正态分布。

表 5 - 1　　　　　　云南省对越南进口额、出口额和
人民币兑美元汇率对数递增率描述性统计

	进口	出口	汇率
均值	0.023491	0.016793	0.002855
标准差	0.576022	0.286736	0.006473
偏度	0.624924	- 0.542558	- 0.600438
峰度	5.270234	4.033925	6.148564
J—B 统计量	33.02074	11.04518	55.83151

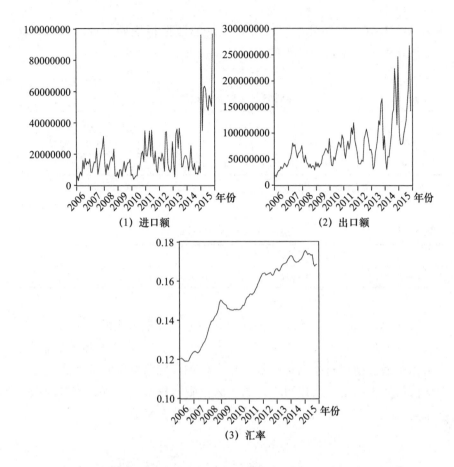

图 5 - 2　云南省对越南进口额、出口额和人民币兑美元汇率月度数据

第一节　边缘分布的确定

本章采用 ADF 和 PP 检验对各对数递增率序列进行单位根检验，考察是否有"伪回归"现象出现，检验结果如表 5 - 2 所示。由表 5 - 2 可知，所有收益率序列 ADF 检验和 PP 检验统计量在 1% 的置信水平上都显著，表明各对数递增率序列是平稳的，可进行下一步实证分析。

本章运用了 Kolmogorov - Smirnov（K—S）检验某一样本是否服从特定的边缘分布。利用 K—S 检验方法来检验概率积分变换后的序列是否服从（0，1）均匀分布。若没有充足的证据拒绝原假设，则可以推断对所研究的变量边缘分布的假设是正确的。

表5－2 各对数递增率单位根检验

	进口	出口	汇率
ADF	－ 11. 54879 ***	－ 3. 895521 ***	－ 5. 931382 ***
PP	－ 22. 59530 ***	－ 14. 02446 ***	－ 5. 831171 ***

注：*** 表示在1%的置信水平上显著。

表5－3 边缘分布的 K—S 检验

	汇率	进口	出口
K—S 检验	0. 9836	0. 9836	0. 983

根据表5－3中 K—S 检验的结果，检验统计量对应的概率值远大于检验的临界概率值 0.10、0.05 和 0.01，没有充足的证据拒绝原假设，则可以推断云南省对越南进口额、出口额和人民币兑美元汇率的边缘分布的假设是正确的。所以可以认为，云南省对越南进口额、出口额和人民币兑美元汇率均服从由核密度估计得到的分布函数。

第二节　静态 Copula 模型

表5－4选择了六种具有代表性的 Copula 函数通过 R 软件来构建相应的二元 Copula 模型，我们通过 AIC 和 BIC 的取值比较可以得出，Student－t Copula 所对应的 AIC 和 BIC 信息准则的值在汇率与进口、汇率与出口相依关系中都是六种 Copula 模型中最小的值。因此，Student－t Copula 相对于其他五种 Copula 模型在汇率与进口、汇率与出口相依关系中更合适、更准确。从表中可以看出在汇率与进口和出口关系中，只有在 Placket Copula 存在非常显著的负相依关系（当τ＝1 时，表示 m 和 w 没有相依关系，当τ→0 时，表示负的相依关系，当τ→∞ 时，表示正的相依关系）。

表 5 - 4　　　　　　　　　　静态 Copula – GARCH 模型结果

	汇率—进口	汇率—出口
Gaussian Copula		
ρ	- 0. 117781 (0. 09094227)	- 0. 05858936 (0. 09325452)
AIC	0. 5836132	1. 647345
BIC	0. 6554952	1. 719227
Student – t Copula		
ρ	- 0. 1075391 (0. 1103716)	- 0. 05260264 (0. 1054016)
AIC	0. 0442742	1. 191323
BIC	0. 1161562	1. 263205
Clayton Copula		
θ		0. 01513958 (0. 1024234)
AIC		1. 978221
BIC		2. 050103
Gumbel Copula		
θ		
AIC		
BIC		
Placket Copula		
τ	0. 7293698 *** (0. 2032579)	0. 8472026 *** (0. 2295164)
AIC	0. 768595	1. 678274
BIC	0. 840477	1. 750156
Frank Copula		
τ	- 0. 6267964 (0. 5623701)	- 0. 3157573 (0. 5422318)
AIC	0. 784974	1. 694514
BIC	0. 856856	1. 766396

注：（1）表 5 - 4 表示 Copula 的参数估计值，括号内数据为标准差。

（2）***、**和*分别代表在 1%、5% 和 10% 的水平上显著。

（3）汇率与进口中，Gumbel Copula 和 Clayton Copula 没有结果，说明 Gumbel 和 Clayton Copula 不适用。

（4）汇率与出口中，Gumbel Copula 没有结果，说明 Gumbel Copula 不适用。

第三节　动态 Copula 模型

　　表 5-5 是 GARCH 模型估计结果，最适合的模型通过比较不同模型的 AIC 的取值进行筛选。通过比较，对于汇率来说 ARMA(1, 0)—GARCH(1, 1) 是最合适的模型。而进口和出口最适合的模型分别是 ARMA(2, 2)—GARCH(1, 1) 和 ARMA(1, 2)—GARCH(1, 1) 模型，其中所有系数 α_i 都不显著，而进口和出口的 β_i 系数均显著。结果说明进口和出口存在长期效应。汇率和云南对越南进出口的条件方程的结果 $(\hat{\alpha}+\hat{\beta})$ 分别为 0.3602553、0.932119、0.999，汇率和云南对越南进出口的非对称参数 λ_i 都为正且显著。

表 5-5 　　　　　　　　　　　GARCH 模型结果

	汇率	进口	出口
Z_1	0.002762 **	-0.014781 **	0.009017 ***
	(0.001387)	(0.007193)	(0.000202)
ω_i	0.000017 ***	0.032417 *	0.000867
	(0.000006)	(0.017886)	(0.003747)
α_i	0.2231363	0.000000	0.055415
	(0.187282)	(0.012709)	(0.041987)
β_i	0.137119	0.932119 ***	0.943585 ***
	(0.237752)	(0.063445)	(0.088893)
η_i	6.430920 ***	2.808945 ***	10.989346
	(3.071727)	(1.002535)	(22.05797)
λ_i	0.750102 ***	0.756928 ***	0.911009 ***
	(0.14021)	(0.078666)	(0.127199)
Z_2	0.668917 ***	-1.000000 ***	0.610936 ***
	(0.076997)	(0.000022)	(0.001319)
Z_3		-0.015253 ***	
		(0.003373)	

续表

	汇率	进口	出口
Z_4		0.651843 ***	−0.973924 ***
		(0.000032)	(0.093776)
Z_5		−0.468049 ***	−0.111456
		(0.000195)	(0.097619)

注：（1）括号内数据为标准误差。

（2）当 $|t| > 1.64$、1.96、2.576 时，用符号 *、** 和 *** 分别表示在 10%、5% 和 1% 的水平上显著。

表 5-6 是不同的动态 Copula-GARCH 方程的参数估计结果，四个部分分别是 Gaussian 相依结构、Student-t 相依结构、Gumbel 相依结构和 Clayton 相依结构。在汇率—进口中我们没有得到 Student-t 相依结构和 Gumbel 相依结构的估计结果，说明在汇率—进口中这两类 Copula 相依结构不适用。而在汇率—出口中我们没有得到 Student-t 估计结果，说明在汇率—出口中 Student-t 相依结构不适用。我们通过 AIC 的取值比较可以得出，在汇率—进口相依结构中，Clayton Copula 所对应的 AIC 信息准则的值是两种 Copula 模型中最小的值。因此，Clayton Copula 相对于 Gaussian Copula 模型的解释能力更强。而在汇率—出口相依结构中，同样是 Clayton Copula 所对应的 AIC 信息准则的值是三种 Copula 模型中最小的值。说明相对于其他两种 Copula 模型 Clayton Copula 的解释能力更强。

表 5-6   **动态 Copula-GARCH 结果**

Copula-GARCH		
	汇率—进口	汇率—出口
Panel A：Estimation of Gaussian dependence structure		
α_c	−0.099883 ***	0.13982
	(0.032371)	(0.15446)
β_c	1.019775 ***	0.22829
	(0.024919)	(0.74947)

续表

Copula – GARCH		
	汇率—进口	汇率—出口
γ_c	0. 321984 ***	− 0. 18742
	(0. 101048)	(0. 37037)
ln(L)	3. 657366	0. 9499198
AIC	− 1. 314732	4. 10016
Panel B：Estimation of Student – t dependence structure		
α_c		
β_c		
γ_c		
n		
ln(L)		
AIC		
Panel C：Estimation of Gumbel dependence structure		
α_c		0. 48327
		(0. 30504)
β_c		1. 04329 ***
		(0. 01824)
γ_c		− 84. 18529
		(11. 45174)
ln(L)		2. 388291
AIC		1. 223419
Panel D：Estimation of Clayton dependence structure		
α_c	− 0. 0918271 ***	− 0. 086574 **
	(0. 0062024)	(0. 042841)
β_c	1. 0044284 ***	1. 020475 ***
	(0. 0093651)	(0. 025485)
γ_c	0. 2894192	0. 268154 *
	(0. 0194866)	(0. 139376)
ln(L)	4. 54967	4. 665102
AIC	− 3. 09934	− 3. 330204

注：*、**和***分别表示在10%、5%和1%的水平上显著。

表 5 - 6 中，在汇率—进口和汇率—出口相依结构中，Clayton 相依结构的回归系数 β_c 都接近 1 且显著，说明汇率—进口、汇率—出口相依结构存在高度长期相依关系。在汇率—出口相依结构中，Clayton 相依关系中的特征参数 γ_c 显著且取值大于其他两个 Copula 相依关系的 γ_c，说明它比其他两个 Copula 相依关系的短期效应都明显。

人民币汇率与云南对越南进口的两种不同动态 Copula 相依关系如图 5 - 3 所示，在汇率—进口相依结构中，Clayton Copula 所对应的 AIC 信息准则的值是两种 Copula 模型中最小的值。因此，Clayton Copula 相对于 Gaussian Copula 模型的解释能力更强。从动态的 Clayton Copula 图中我们可以看到，人民币汇率与云南对越南进口动态相依关系大多是在 -0.4—0.4 浮动，其中 2009—2013 年为正相依关系。但是在其他时间段都为负相依关系，而在 2006—2008 年我们可以看到一个明显的下降，可能是受到了 2008 年金融危机的影响。此外在 2014 年出现了明显的负相关。

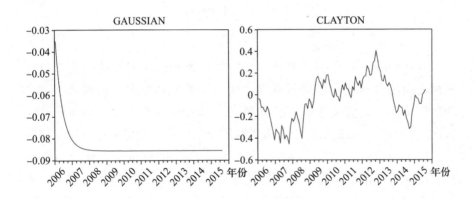

图 5 - 3 汇率与进口的动态 Copula 相依关系

在反映汇率与出口的动态 Copula 相依关系的图 5 - 4 中，Clayton Copula 所对应的 AIC 信息准则的值是三种 Copula 模型中最小的值。因此，Clayton Copula 相对于其他三种 Copula 模型的解释能力更强。从动态的 Clayton Copula 图中我们可以看到人民币汇率与云南对越南出口动态相依关系在 2009 年、2011—2013 年存在很强的正相依结构。但是，在其他时间段都为负相依关系，而在 2007—2008 年我们可以看到一个明显的下降，可能是受到了 2008 年金融危机的影响。

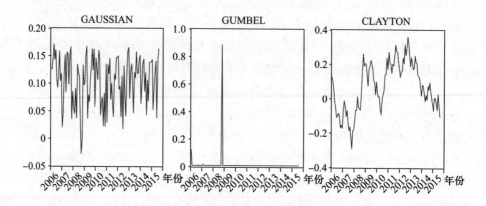

图 5 – 4　汇率与出口的动态 Copula 相依关系

第四节　本章小结

　　静态 Copula 实证结果表明，人民币汇率与云南省对越南进出口贸易额之间的 Copula 相依关系成立，在人民币汇率与云南省对越南进口和出口贸易的相依关系中，都在 Placket Copula 上存在非常显著的负相依性。说明人民币贬值对于云南省对越南出口有一定的促进作用，即随着人民币的贬值，出口商品的价格下降，出口的低价会促使出口量增长。而在人民币汇率与云南省对越南进口贸易 Copula 相依关系中，我们没有得到预计的结果（即随着人民币的升值，进口商品的价格下降，进口商品的低价会促使进口量增长）。反而，在汇率与进口的相依关系中，在 Placket Copula 存在一定显著的负相依关系，即当人民币汇率升值时，云南省对越南进口额同时也会大幅度下滑。因此，不排除可能会有 J 曲线效应的存在。

　　动态 Copula 实证结果表明，人民币汇率与云南省对越南进出口贸易额之间的动态 Copula 相依关系成立，通过比较 AIC 的取值，对于汇率来说 ARMA(1，0)—GARCH(1，1)是最合适的模型。而进口和出口最适合的模型分别是 ARMA(2，2)—GARCH(1，1)和 ARMA(1，2)—

GARCH(1，1)模型，进口和出口的 β_i 系数均显著。结果说明进口和出口存在长期效应，汇率和云南对越南进出口的非对称参数 λ_i 都为正且显著。

通过 AIC 取值比较可以得出，在汇率—进口相依结构中，Clayton Copula 相对于 Gaussian Copula 模型的解释能力更强。而在汇率—出口相依结构中，相对于其他两种 Copula 模型同样是 Clayton Copula 的解释能力更强。在汇率—进口和汇率—出口相依结构中存在高度长期相依关系，但在汇率—出口相依结构中同时还存在短期效应。

从动态的 Clayton Copula 图中我们可以看到人民币汇率与云南对越南进口动态相依关系大多是在 -0.4—0.4 浮动，但其中从 2009 年到 2013 年为正相依关系。从而可以排除可能会有 J 曲线效应存在的假设，说明人民币汇率与云南对越南进口存在动态的正相依关系，说明人民币升值对于云南省对越南进口有一定的促进作用，人民币升值导致从越南进口原料的价格降低，云南省企业可以节约生产中的原材料成本，扩大利润空间。但是，在其他时间段云南对越南进口动态相依关系都为负相依关系。这与静态 Copula 结果一致，即当人民币汇率升值时，云南省对越南进口额同时也会大幅度下滑。而 2006—2008 年时间段我们可以看到一个明显的下降，可能是受到了 2008 年金融危机的影响。此外在 2014 年出现了明显的负相关，可能是受到 2014 年人民币兑美元汇率全年贬值 0.36% 的影响。美国经济复苏、美元走强是人民币汇率贬值的直接原因。而越南对云南出口持续上升，从而导致汇率与出口相依关系呈现明显下降。

在汇率—出口相依结构中，Clayton Copula 相对于其他三种 Copula 模型的解释能力更强。从动态的 Clayton Copula 图中我们可以看到，人民币汇率与云南对越南出口动态相依关系在 2009 年、2011—2013 年存在很强的正相依关系，但是在其他时间段都为负相依关系，与静态 Copula 结果一致。说明大多数时间人民币贬值对于云南省对越南出口有一定的促进作用，即随着人民币的贬值，出口商品的价格下降，出口的低价会促使出口量增长。而 2007—2008 年我们可以看到一个明显的下降，可能是受到了 2008 年金融危机的影响。

第六章 汇率波动对云南与泰国
进出口的影响研究

云南省地处中国西南地区,是中国距离泰国最近的省份,因此云南省与泰国的经济贸易合作具有得天独厚的地缘优势。并且随着"一带一路"倡议"中国—东盟自由贸易区""大湄公河次区域经济合作升级版""澜湄合作"的建设进程不断加快,中国和泰国的进出口贸易合作也将越趋紧密。根据云南省商务厅消息:"中泰两国将全面开展涉及14个经济领域的合作,并将从经济战略合作方面切实落实计划。云南省出口泰国的商品主要包括鲜花、蔬菜、磷化工产品、机电产品,从泰国进口的商品主要是橡胶及制品、水果等。"[①] 由图1-3和图1-5可以看出,据昆明海关统计,2015年,泰国在云南对东盟十国的进口中排名第四,同时在云南对东盟十国出口中排名第三,分别占云南省对东盟十国进口总额的3.84%,对东盟十国出口总额的18.19%。

另据昆明海关统计:"2016年1—7月,云南省与泰国的进出口贸易额达35.7亿元,其中进口5.8亿元,出口29.9亿元,占同期全省外贸总额的5%。"[②] 2016年10月泰国国王普密蓬逝世,2006年以来,在泰国国内持续出现政治动荡,但是由于普密蓬国王的超然地位与至高的皇权,对于泰国政治经济稳定发挥了重要作用。但泰国国王普密蓬逝世或将会对泰国国内政治经济局势的稳定发展造成很大的影响。

近年来一些学者们对云南省与泰国进出口贸易进行了相关的重要研究,王育谦(2010)认为云南省对泰国农产品的比较优势是中草药产品、温带蔬菜水果和烟草,这些出口产品是云南省的传统优势出口产业。云南省的比较劣势是水稻、热带水果和橡胶等。根据大卫·李嘉图

---

① 《云南与泰国贸易不断增加》,中华人民共和国商务部,2013年11月14日。
② 王自然:《泰国进口商品受欢迎》,《云南日报》2016年8月19日。

的比较优势原理，云南省应大力发展比较优势产业，进行出口产品结构战略性调整。依托比较优势产业，促进对泰国的出口。姚鹏、卢正惠（2011）研究发现，云南省与泰国出口和越南相比在矿石和金属产品具有较强的比较优势，云南省应充分发挥比较优势，发挥比较优势产业在对外贸易中的主导作用，推动云南省经济稳定良好发展。旷乾、汤金丽（2012）认为，中泰农产品将在较长时间内持续表现出比较优势的互补性，云南要充分利用东盟自由贸易区的优惠政策，利用云南省的区位优势，增强产品的差异性，促进差异产品贸易。熊彬、牛峰雅（2013）发现，云南和泰国的进出口存在一定的产业内贸易，并且这一比重在逐年上升。胡健、常志有（2014）研究发现，云南在和东盟国家的贸易中，在中国和泰国的果蔬贸易中有着特有的区位优势。云南可以通过优化果蔬集散中心和果蔬加工包装中心，完善果品的交易中心布局和流通体系，提升对出口果蔬产品的加工和包装，增加产品的质量和附加值，进一步增加云南对泰国果蔬出口，促进云南经济的发展。杨珂、张利军、李丽（2015）研究发现，云南与泰国存在很强的竞争性。泰国是云南重要的贸易伙伴，双方应该将贸易间的竞争转变到产业的合作上来。实现规模经济，节约贸易的交易成本，积极在自贸区框架内开展跨境经济合作。杨珂、张利军（2015）研究发现，云南省与泰国的农产品 GL 指数不高，但产业内贸易在双边农产品进出口贸易中的重要性却在增强。

　　2008 年全球性金融危机爆发后，美元、欧元和日元等主要国际货币的汇率波动幅度明显增大，对中国的对外贸易造成了一定程度的影响。一方面，中国进出口贸易多以贸易国货币或第三国货币作为计价结算货币，在汇率不稳定的情况下，中国外贸企业与周边国家贸易活动的汇率风险加大；2012 年人民币跨境结算已成为与中泰贸易经营商的新选择。不过，与新加坡、韩国和中国台湾地区等相比，人民币跨境结算的贸易额在中国和泰国进出口总额中所占的比重仍然较低。在中泰进出口贸易中，泰国和中国进出口企业使用人民币跨境结算，可以减少通过美元或贸易国货币结算的汇率风险。[①] 2014 年泰国央行官员表示："人

---

① 《人民币结算——中泰贸易新的结算方式》，中华人民共和国商务部，2012 年 6 月 7日。

民币国际影响力与日俱增且相对稳定，泰国央行将为企业、投资者、银行说明其中的利弊，继续推动使用人民币跨境结算。但由于交易成本等方面的问题，2013 年两国仅有 0.9% 的贸易使用人民币进行结算。"[①]

　　本章选取了 2006 年 1 月至 2015 年 11 月云南省对泰国进出口额月度数据以及 2006 年 1 月至 2015 年 11 月人民币兑美元汇率月度数据，共计 119 组数据。根据昆明海关统计，由图 6 - 1 可以看出，自 2006 年至 2015 年，云南对泰国进口由 2150 万美元增加到 1.8907 亿美元，十年增长了 7.7 倍，云南对泰国出口由 1.0919 亿美元增加到 14.9912 亿美元，是 2006 年的 13.7 倍。从图 6 - 2 可以看出，在 2008—2009 年，受到 2008 年金融危机影响，云南省对泰国进口下降非常明显，此外在 2011—2013 年、2015 年出现了剧烈的下降，可能是由于泰国两次大的政治局势动荡，严重影响了泰国的出口。云南对泰国的出口虽然有很大的波动，但总趋势是逐渐上升的。本章用 $y_{1,t}$、$y_{2,t}$、$y_{3,t}$（$t = 1, 2, \cdots,$ T）分别表示云南省对泰国进口额、出口额和人民币兑美元汇率月度数据序列，用 $r_{1,t}$、$r_{2,t}$、$r_{3,t}$ 分别表示云南省对泰国进口额、出口额和人民币兑美元汇率对数递增率。即 $r_{i,t} = \ln(y_{i,t}/y_{i,t-1})$，（$i = 1, 2, 3$）。

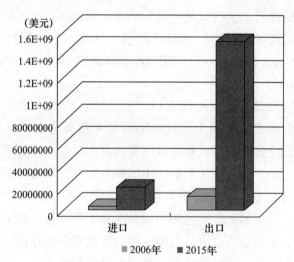

图 6 - 1　云南省对泰国十年进出口变化

资料来源：昆明海关。

---

① 《泰国推进跨境人民币结算》，中华人民共和国商务部，2014 年 10 月 20 日。

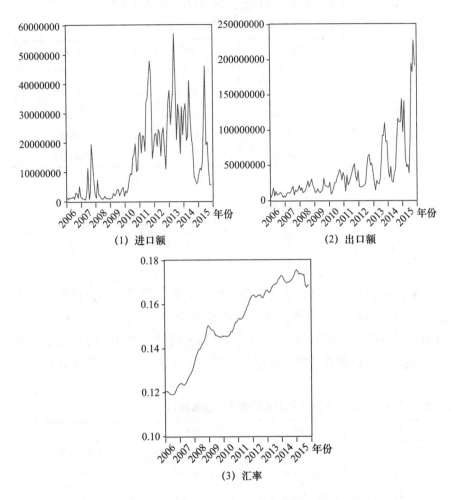

(1) 进口额　　　　　　　(2) 出口额

(3) 汇率

图6-2　云南省对泰国进口额、出口额和人民币兑美元汇率月度数据

从云南省对泰国进口额、出口额和人民币兑美元汇率对数递增率描述性统计（见表6-1）可以看出：从偏度和峰度来看，人民币兑美元汇率的偏度小于零，峰度大于3，其分布呈现出"左偏，尖峰"的分布形态，云南省对泰国的出口额的偏度小于零，峰度略大于3，其分布呈现出"左偏"的分布形态，从J—B统计量表明两递增率序列遵循正态分布的假设遭到拒绝，说明递增率序列不服从正态分布。

表 6 - 1　　　　　　　云南省对泰国进口额、出口额和人民币兑美元
汇率对数递增率描述性统计

	进口	出口	汇率
均值	0.012724	0.032075	0.002855
标准差	0.638315	0.417323	0.006473
偏度	- 0.034005	- 0.313256	- 0.600438
峰度	5.588042	3.070872	6.148564
J—B 统计量	32.95438	1.954571	55.83151

第一节　边缘分布的确定

本章采用 ADF 和 PP 检验对各对数递增率序列进行单位根检验，考察是否有"伪回归"现象出现，检验结果如表 6 - 2 所示。由表 6 - 2 可知，所有收益率序列 ADF 检验和 PP 检验统计量在 1% 的置信水平上都显著，表明各对数递增率序列是平稳的，可进行下一步实证分析。

表 6 - 2　　　　　　　　各对数递增率单位根检验

	进口	出口	汇率
ADF	- 11.09018 ***	- 4.105103 ***	- 5.931382 ***
PP	- 15.99084 ***	- 13.28988 ***	- 5.831171 ***

注：*** 表示在 1% 的置信水平上显著。

本章运用了 Kolmogorov - Smirnov（K—S）检验某一样本是否服从特定的边缘分布。利用 K—S 检验方法来检验概率积分变换后的序列是否服从（0，1）均匀分布。若没有充足的证据拒绝原假设，则可以推断对所研究的变量边缘分布的假设是正确的。

根据表 6 - 3 中 K—S 检验的结果，检验统计量对应的概率值远大于检验的临界概率值 0.10、0.05 和 0.01，没有充足的证据拒绝原假设，则可以推断云南省对泰国进口额、出口额和人民币兑美元汇率的边缘分布的假设是正确的。所以可以认为，云南省对泰国进口额、出口额和人

民币兑美元汇率均服从由核密度估计得到的分布函数。

表 6 - 3 边缘分布的 K—S 检验

	汇率	进口	出口
K—S 检验	0.9836	0.9836	0.9393

第二节 静态 Copula 模型

表 6 - 4 选择了六种具有代表性的 Copula 函数通过 R 软件来构建相应的二元 Copula 模型，我们通过 AIC 和 BIC 的取值比较可以得出，在进口—汇率、出口—汇率的相依关系中，分别是 Frank Copula 和 Clayton Copula 对应的 AIC 和 BIC 信息准则的值是六种 Copula 模型中最小的值。因此，Frank Copula 和 Clayton Copula 相对于其他五种 Copula 模型在汇率与进口相依关系中更合适、更准确。但从表中可以看出在汇率与进口关系中，只有在 Placket Copula 存在非常显著的负相依关系（当 $\tau = 1$ 时，表示 m 和 w 没有相依关系，当 $\tau \to 0$ 时，表示负的相依关系，当 $\tau \to \infty$ 时，表示正的相依关系）。而在汇率与出口关系中，同样只有 Placket Copula 存在非常显著的正相依关系。

表 6 - 4 静态 Copula - GARCH

	汇率—进口	汇率—出口
Gaussian Copula		
ρ	- 0.1142115	0.00646038
	(0.1100592)	(0.09274058)
AIC	0.655605	1.995842
BIC	0.727487	2.067724
Student - t Copula		
ρ	- 0.1081582	0.06153617
	(0.1175925)	(0.1114444)

续表

	汇率—进口	汇率—出口
AIC	5.456832	1.528419
BIC	5.528714	1.600301
Clayton Copula		
θ		0.103759
		(0.1099416)
AIC		1.28236
BIC		1.354242
Gumbel Copula		
θ		
AIC		
BIC		
Placket Copula		
τ	0.7387741 ***	1.218571 ***
	(0.216644)	(0.3396982)
AIC	0.708731	1.517996
BIC	0.780613	1.589878
Frank Copula		
τ	-0.6474039	0.3932949
	(0.5943169)	(0.5572782)
AIC	0.622419	1.519592
BIC	0.694301	1.591474

注：（1）表 6-4 表示 Copula 的参数估计值，括号内数据为标准差。

（2）***、**和*分别代表在1%、5%和10%的水平上显著。

（3）Gumbel Copula 没有结果，说明 Gumbel Copula 不适用。

（4）在汇率和进口中，Clayton Copula 没有结果，说明 Clayton Copula 不适用。

第三节　动态 Copula 模型

表 6-5 是 GARCH 模型估计结果，最适合的模型通过比较不同模

型的 AIC 的取值进行筛选。通过比较，对于人民币汇率来说 ARMA(1，0)—GARCH(1，1)是最合适的模型。而进口和出口最适合的模型分别是 ARMA(1，1)—GARCH(1，1)和 ARMA(2，2)—GARCH(1，1)模型，只有进口的系数 α_i 显著，而进口和出口的 β_i 系数均显著。结果说明进口存在一定的短期效应，而进口和出口存在长期效应。汇率和云南对泰国进出口的条件方程的结果（$\hat{\alpha} + \hat{\beta}$）分别为 0.3602553、0.845657、0.955909，汇率和云南对泰国进出口的非对称参数 λ_i 都为正且显著。

表 6 - 5　　　　　　　　　　　　GARCH 模型结果

	汇率	进口	出口
Z_1	0.002762 **	0.017693	0.030452 ***
	(0.001387)	(0.021089)	(0.000992)
ω_i	0.000017 ***	0.048443	0.006902
	(0.000006)	(0.045812)	(0.009666)
α_i	0.2231363	0.194404 *	0.000014
	(0.187282)	(0.115103)	(0.070188)
β_i	0.137119	0.651253 ***	0.955895 ***
	(0.237752)	(0.228548)	(0.090421)
η_i	6.430920 ***	59.999203	16.16752
	(3.071727)	(110.148867)	(20.389919)
λ_i	0.750102 ***	1.097997 ***	0.464289 ***
	(0.14021)	(0.184166)	(0.077078)
Z_2	0.668917 ***	0.423953 **	- 0.214048 ***
	(0.076997)	(0.201365)	(0.014279)
Z_3			0.291045 ***
			(0.058097)
Z_4		- 0.744380 ***	- 0.338701 ***
		(0.152460)	(0.004533)
Z_5			- 0.794377 ***
			(0.046459)

注：（1）括号内数据为标准误差。

（2）当 $|t| > 1.64$、1.96、2.576 时，用 *、**和***分别表示在 10%、5% 和 1% 的水平上显著。

表 6 - 6 是不同的动态 Copula - GARCH 方程的参数估计结果，四个部分分别是 Gaussian 相依结构、Student - t 相依结构、Gumbel 相依结构和 Clayton 相依结构，在汇率—进口中我们没有得到 Gumbel 相依结构估计结果，说明在汇率—进口中 Gumbel Copula 相依结构不适用。我们通过 AIC 的取值比较可以得出，在汇率—进口相依结构中，Clayton Copula 所对应的 AIC 信息准则的值是三种 Copula 模型中最小的值。因此，Clayton Copula 相对于其他两种 Copula 模型的解释能力更强。而在汇率—出口相依结构中，Gaussian Copula 所对应的 AIC 和信息准则的值是四种 Copula 模型中最小的值。相对于其他三种 Copula 模型 Gaussian Copula 的解释能力更强。在汇率—出口相依结构中，Gaussian 相依结构的回归系数都接近 1 且显著，说明汇率—出口相依结构存在高度长期相依关系。

表 6 - 6　　　　　　　　　　　　**动态 Copula - GARCH 结果**

Copula - GARCH		
	汇率—进口	汇率—出口
Panel A：Estimation of Gaussian dependence structure		
α_c	0.016989	0.0149460 ***
	(0.057604)	(0.0015360)
β_c	0.868150 ***	1.0853205 ***
	(0.291421)	(0.0020568)
γ_c	- 0.073168	- 2.2549659 ***
	(0.166842)	(0.0082785)
ln(L)	0.4278156	11.21532
AIC	5.144369	- 16.43064
Panel B：Estimation of Student - t dependence structure		
α_c	- 0.18065	0.28045
	(0.25525)	(0.55087)
β_c	- 0.16529	0.56669
	(0.99324)	(0.92588)
γ_c	- 0.95299	- 1.44029
	(2.40532)	(2.02507)

Copula – GARCH		
	汇率—进口	汇率—出口
n	57. 95260	5. 32153
		(1. 42889)
ln(L)	0. 1812504	4. 930913
AIC	7. 637499	− 1. 861827
Panel C：Estimation of Gumbel dependence structure		
α_c		0. 136616 ***
		(0. 040225)
β_c		1. 04329 ***
		(0. 023843)
γ_c		− 3. 269030 ***
		(1. 185796)
ln(L)		4. 546121
AIC		− 3. 092243
Panel D：Estimation of Clayton dependence structure		
α_c	− 0. 250353 *	0. 0065672 ***
	(0. 133629)	(0. 0018889)
β_c	0. 010891	1. 0732267 ***
	(0. 530870) ·	(0. 0041579)
γ_c	− 1. 266414	− 1. 4576295 ***
	(1. 39529)	(0. 0289966)
ln(L)	1. 24055	8. 788887
AIC	3. 5189	− 11. 57777

注：*、**和***分别表示在10%、5%和1%的水平上显著。

人民币汇率与云南对泰国进口的三种不同动态 Copula 相依关系如图 6 - 3 所示，在汇率—进口相依结构中，Clayton Copula 所对应的 AIC 信息准则的值是三种 Copula 模型中最小的值。因此，Clayton Copula 相对于其他两种 Copula 模型的解释能力更强。从动态的 Clayton Copula 图中我们可以看到，人民币汇率与云南对泰国进口动态相依关系大多是在 − 0. 2—0. 05 浮动，其中大部分时间是负的相依关系。而在 2006—2008

年时间段我们可以看到明显的下降，可能受到了 2008 年金融危机的影响。此外在 2010 年、2013 年和 2014 年出现了剧烈的下降。

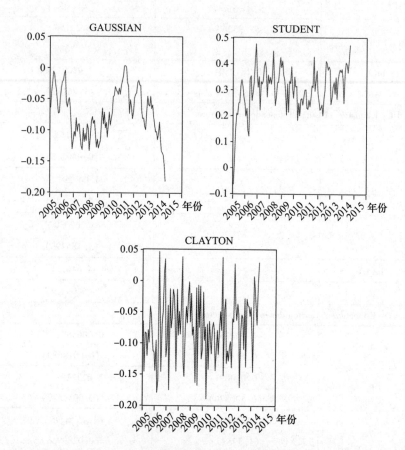

图 6 - 3　汇率与进口的动态 Copula 相依关系

在汇率—出口相依结构中（见图 6 - 4），Gaussian Copula 所对应的 AIC 和信息准则的值是四种 Copula 模型中最小的值。相对于其他三种 Copula 模型 Gaussian Copula 的解释能力更强。从动态的 Gaussian Copula 图中我们可以看到，人民币汇率与云南对泰国出口动态相依关系在 2007—2008 年存在很强的负相依结构。但是在其他时间段都为正相依关系，而 2007—2008 年我们可以看到明显的下降，可能受到了 2008 年金融危机的影响。

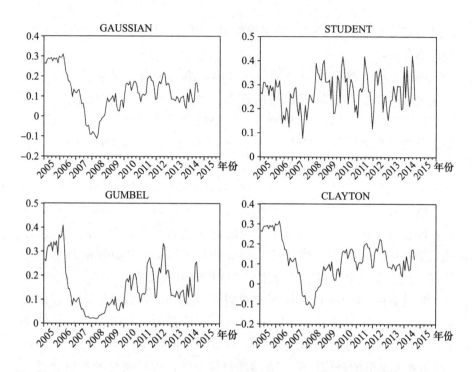

图 6 - 4　汇率与出口的动态 Copula 相依关系

第四节　本章小结

　　静态 Copula 实证结果表明，人民币汇率与云南省对泰国进出口贸易额之间的 Copula 相依关系成立，在人民币汇率与云南省对泰国进口贸易的相依关系中，在 Placket Copula 存在非常显著的负相依关系而适用的 Frank Copula 相依关系不显著但同样也存在负相依关系。即我们没有得到预计的结果（即随着人民币的升值，进口商品的价格下降，进口商品的低价会促使进口量增长）。而在汇率与出口关系中，同样我们没有得到预计的结果（即随着人民币的升值，出口商品的价格上升，出口商品的价格上升会使出口量下降）。在 Placket Copula 存在非常显著的正相依关系，而适用的 Clayton Copula 相依关系不显著，但 Placket Copula 和 Clayton Copula 结果一致都是正相依关系，说明人民币升值对于云南省对泰国出口有一定的促进作用。因此，不排除可能会有 J 曲线效应的存在。

动态 Copula 实证结果表明，人民币汇率与云南省对泰国进出口贸易额之间的动态 Copula 相依关系成立，通过比较 AIC 的取值，对于汇率来说 ARMA(1，0)—GARCH(1，1)是最合适的模型。而进口和出口最适合的模型分别是 ARMA(1，1)—GARCH(1，1)和 ARMA(2，2)—GARCH(1，1)模型，进口存在一定的短期效应，而进口和出口存在长期效应。汇率和云南对泰国进出口的非对称参数 λ_i 都为正且显著。

通过 AIC 取值比较可以得出，在汇率—进口相依结构中，Clayton Copula 相对于其他两种 Copula 模型的解释能力更强。而在汇率—出口相依结构中，相对于其他三种 Copula 模型 Gaussian Copula 的解释能力更强，且汇率—出口相依结构存在高度长期相依关系。

从动态的 Clayton Copula 图中我们可以看到，人民币汇率与云南对泰国进口动态相依关系大多是在 -0.2—0.05 浮动，与静态 Copula 结果相同，其中大部分时间是负的相依关系，即我们没有得到预计的结果（即随着人民币的升值，进口商品的价格下降，进口商品的低价会促使进口量增长）。而在 2006—2008 年我们可以看到明显的下降，可能受到了 2008 年金融危机的影响。此外，在 2010 年、2013 年和 2014 年出现了剧烈的下降，可能是 2010 年、2013 年泰国两次大的政治局势动荡，严重影响了泰国的出口。而 2014 年出现了明显的负相关，可能受到 2014 年人民币兑美元汇率全年贬值 0.36% 的影响。

在汇率—出口相依结构中，相对于其他三种 Copula 模型 Gaussian Copula 的解释能力更强。从动态的 Gaussian Copula 图中我们可以看到人民币汇率与云南对泰国出口动态相依关系在 2007—2008 年存在很强的负相依结构。但是，在其他时间段都为正相依关系，因此大部分时间段和静态 Copula 的结果一致，即我们没有得到预计的结果（即随着人民币的升值，出口商品的价格上升，出口商品的价格上升会使出口量下降）。而 2007—2008 年我们可以看到明显的下降，可能是受到了 2008 年金融危机的影响。

第七章 汇率波动对云南与老挝
进出口的影响研究

老挝与中国接壤，是我国加强与本地区互联互通、共同建设"丝绸之路经济带"和"21世纪海上丝绸之路"（"一带一路"倡议）的重要伙伴国。① 云南省是我国与老挝接壤的唯一省份，滇老传统友谊深厚，在经贸合作、旅游、交通运输、水利、农业、卫生和科技等众多领域广泛开展了紧密的合作。② 据云南省商务厅最新统计："2015年，云南与老挝的进出口额达到8.82亿美元。与此同时，老挝已成为云南省对外投资的第一大市场，截至2016年3月，云南省在老挝共设立境外投资企业219家，中方协议投资额40.2亿美元。"③ 由图1-3和图1-5可以看到，据昆明海关统计，2015年在云南省对东盟十国进口中，老挝保持第三大进口贸易伙伴国地位，但是在云南省对东盟十国出口中，老挝却排名倒数第三，分别占云南省对东盟十国进口总额的11.46%，对东盟十国出口总额的3.86%。

另据商务部统计："云南与老挝2016年1—6月贸易额为4亿美元，同比下降18.3%。其中，云南出口9777万美元，同比下降48.1%，进口3.1亿美元，同比下降0.1%。云南主要出口商品是烟草、电力、化学肥料、钢铁制品、内燃发动机等，主要进口商品是木材、金属矿砂、橡胶、玉米、甘蔗等。"④

---

① 《经略周边外交，共谋地区发展——李克强总理出席东亚合作领导人系列会议并访问老挝前瞻》，新华社，2016年9月4日。

② 《云南：打造滇老合作升级版，深化中老睦邻友好》，中国新闻网，2016年4月22日。

③ 《云南企业在老挝投资快速增长企业超200家》，中华人民共和国商务部，2016年4月26日。

④ 《云南上半年与老挝的贸易额为4亿美元》，中华人民共和国商务部，2016年9月9日。

在云南与老挝进出口的研究中,很多学者做出了重要的研究贡献:屠年松、李德焱(2010)发现,云南省对东盟的进出口货物中,云南对缅甸和老挝的市场具有很大的潜力,这主要是由于两国北部的内陆地区远离海岸、交通落后,同时与云南省接壤所决定的。云南省应该利用好自身的优势,也应该对全国对缅甸和老挝的贸易比重在逐年扩大产生紧迫感。熊彬、褯巨能(2011)运用贸易引力模型分析得出,就模型中的双边距离变量、经济规模变量和发展水平变量而言,云南对老挝的进出口贸易规模远远高于预测水平。熊彬、马世杰(2015)发现,云南对老挝投资的主要原因是东南亚欠发达地区良好的市场前景、稳定的社会环境、优惠的投资和贸易政策以及良好的国际关系。马国群(2016)研究发现,云南对老挝和越南具有较高的贸易互补性,由于云南省加强完善产业结构的优化升级,使出口产品从劳动和资源密集型产品向工业制成品转化。由于越南和老挝的边境地区经济发展水平较为落后,进口产品主要以廉价的生活用品为主,从而双边形成了基于资源差异和产业结构的互补性。

中国人民银行货币政策司邢毓静指出:"我国企业到老挝资金通常有以下两种流动方式。要么先在国内将人民币转换为美元,再将美元通过境内银行汇至老挝银行,资金汇至老挝后,如果要在当地市场使用,就再将美元转换为基普。要么在国内通过地摊银行或地下钱庄将人民币转换为美元或基普,再带到老挝境内使用。"① 金融危机后美国实施量化宽松的货币政策,使美元贬值带来的汇率风险不断增加,由美元主导的单一结算方式,不仅给各国商家带来损失,还会加重贸易结算的不平衡性。

本章选取了 2006 年 1 月至 2015 年 11 月云南省对老挝进出口额月度数据以及 2006 年 1 月至 2015 年 11 月人民币兑美元汇率月度数据,共计 119 组数据。根据昆明海关统计,如图 7-1 所示,自 2006 年至 2015 年,云南对老挝进口由 3463.0816 万美元增加到 56442.8111 万美元,十年增长了 15.2 倍,云南对老挝出口由 3468.7967 万美元增加到 31780.3101 万美元,是 2006 年的 9.2 倍。

---

① 《中老本币跨境结算正式启动》,人民网,2011 年 6 月 10 日。

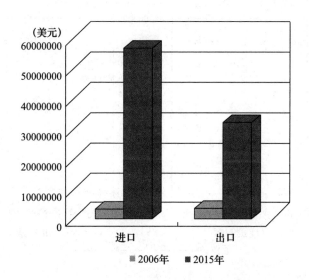

图 7 – 1　云南省对老挝十年进出口变化

资料来源：昆明海关。

从图 7 – 2 我们可以看到，在首届中国—南亚博览会与第 21 届中国昆明进出口商品交易会（2013 年）后云南对老挝的进出口额，有一个相当明显的上升。但 2014 年后出现了持续波动和下滑。本章用 $y_{1,t}$、$y_{2,t}$、$y_{3,t}$（$t = 1，2，\cdots，T$）分别表示云南省对老挝进口额、出口额和人民币兑美元汇率月度数据序列，用 $r_{1,t}$、$r_{2,t}$、$r_{3,t}$ 分别表示云南省对老挝进口额、出口额和人民币兑美元汇率对数递增率，即 $r_{i,t} = \ln(y_{i,t}/y_{i,t-1})$，（$i = 1，2，3$）。

从云南省对老挝进口额、出口额和人民币兑美元汇率对数递增率描述性统计（见表 7 – 1）可以看出：从偏度和峰度来看，云南省对老挝的出口额和人民币兑美元汇率的偏度小于零，峰度大于 3，其分布呈现出"左偏，尖峰"的分布形态，云南省对老挝的进口额的偏度大于零，峰度小于 3，其分布呈现出"右偏，内凹"的分布形态，从 J—B 统计量表明汇率递增率序列遵循正态分布的假设遭到拒绝，说明递增率序列不服从正态分布。

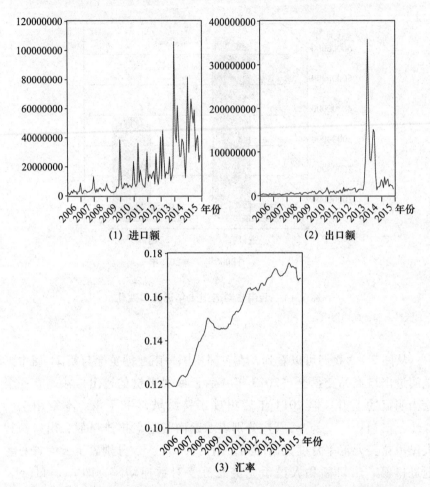

(1) 进口额　　　　　　　　(2) 出口额

(3) 汇率

图7－2　云南省对老挝进口额、出口额和人民币兑美元汇率月度数据

表7－1　　　云南省对老挝进口额、出口额和人民币兑美元汇率
对数递增率描述性统计

	进口	出口	汇率
均值	0.021005	0.014311	0.002855
标准差	0.662144	0.472572	0.006473
偏度	0.127405	－0.137998	－0.600438
峰度	2.853456	3.161506	6.148564
J—B 统计量	0.424817	0.502769	55.83151

第一节 边缘分布的确定

本章采用 ADF 和 PP 检验对各对数递增率序列进行单位根检验，考察是否有"伪回归"现象出现，检验结果如表 7 - 2 所示。由表 7 - 2 可知，所有收益率序列 ADF 检验和 PP 检验统计量在 1% 的置信水平上都显著，表明各对数递增率序列是平稳的，可进行下一步实证分析。

表 7 - 2　　　　　　　　　各对数递增率单位根检验

	进口	出口	汇率
ADF	- 9. 977958 ***	- 9. 094744 ***	- 5. 931382 ***
PP	- 17. 62568 ***	- 15. 83546 ***	- 5. 831171 ***

注：＊＊＊表示在1%的置信水平上显著。

本章运用了 Kolmogorov – Smirnov（K—S）检验某一样本是否服从特定的边缘分布。利用 K—S 检验方法来检验概率积分变换后的序列是否服从（0，1）均匀分布。若没有充足的证据拒绝原假设，则可以推断对所研究的变量边缘分布的假设是正确的。

表 7 - 3　　　　　　　　　边缘分布的 K—S 检验

	汇率	进口	出口
K—S 检验	0. 9836	0. 983	0. 983

根据表 7 - 3 中 K—S 检验的结果，检验统计量对应的概率值远大于检验的临界概率值 0. 10、0. 05 和 0. 01，没有充足的证据拒绝原假设，则可以推断云南省对老挝进口额、出口额和人民币兑美元汇率的边缘分布的假设是正确的。所以可以认为云南省对老挝进口额、出口额和人民币兑美元汇率均服从由核密度估计得到的分布函数。

第二节 静态 Copula 模型

表 7 - 4 选择了六种具有代表性的 Copula 函数通过 R 软件来构建相应的二元 Copula 模型，从表中可以看出在汇率与进口中，只有在 Placket Copula 存在非常显著的负相依关系（当 $\tau = 1$ 时，表示 m 和 w 没有相依关系，当 $\tau \to 0$ 时，表示负的相依关系，当 $\tau \to \infty$ 时，表示正的相依关系），并超过了边界 0.1960664。然而在汇率与出口中，在 Gumbel Copula 和 Placket Copula 存在非常显著的相依性，但 Placket Copula 的 AIC 和 BIC 取值更小，说明 Placket Copula 相对于 Gumbel Copula 更准确，Placket Copula 超过了边界 0.397995，说明 Placket Copula 存在正相依关系。我们通过 AIC 和 BIC 的取值比较可以得出，在汇率与进出口相依关系中，分别是 Gaussian Copula 和 Clayton Copula 所对应的 AIC 和 BIC 信息准则的值是六种 Copula 模型中最小的值。因此，Gaussian Copula 相对于其他五种 Copula 模型在汇率与进口相依关系中更合适、更准确；Clayton Copula 相对于其他五种 Copula 模型在汇率与出口相依关系中更合适、更准确。

表 7 - 4　　　　　　　　　**静态 Copula - GARCH 模型结果**

	汇率—进口	汇率—出口
Gaussian Copula		
ρ	- 0.09771666 (0.1059618)	0.1298916 (0.09439555)
AIC	1.064279	0.247834
BIC	1.136161	0.319716
Student - t Copula		
ρ	- 0.08380622 (0.1156661)	0.1127273 (0.1071092)
AIC	3.848747	0.262683
BIC	3.920629	0.334565

续表

	汇率—进口	汇率—出口
Clayton Copula		
θ		0. 1942894
		(0. 131616)
AIC		− 0. 66128
BIC		− 0. 5894
Gumbel Copula		
θ		1. 067607 ***
		(0. 0670061)
AIC		0. 691827
BIC		0. 763709
Placket Copula		
τ	0. 8039336 ***	1. 397995 ***
	(0. 2312243)	(0. 380313)
AIC	1. 374675	0. 668435
BIC	1. 446557	0. 740317
Frank Copula		
τ	− 0. 4504961	0. 6431646
	(0. 5813999)	(0. 5495033)
AIC	1. 356783	0. 735357
BIC	1. 428665	0. 807239

注：（1）表7 - 4 表示 Copula 的参数估计值，括号内数据为标准差。

（2）***、** 和 * 分别代表在 1%、5% 和 10% 的水平上显著。

（3）在汇率与进口中，Gumbel Copula 和 Clayton Copula 没有结果，说明 Gumbel 和 Clayton Copula 不适用。

第三节 动态 Copula 模型

表7 - 5 是 GARCH 模型估计结果，最适合的模型通过比较不同模型的 AIC 的取值进行筛选。通过比较，对于人民币汇率来说 ARMA(1，

0)—GARCH(1，1)是最合适的模型。而进口和出口最适合的模型分别是 ARMA(0，1)—GARCH(1，1)和 ARMA(2，2)—GARCH(1，1)模型。汇率和云南对老挝进出口的系数 α_i 都不显著，而进口和出口的 β_i 系数均显著。结果说明进口和出口存在长期效应。汇率和云南对老挝进出口的条件方程的结果（$\hat{\alpha} + \hat{\beta}$）分别为 0.3602553、0.917296、0.998868。汇率和云南对老挝进出口的非对称参数 λ_i 都为正且显著。

表 7 - 5 GARCH 模型结果

	汇率	进口	出口
Z_1	0.002762 **	0.030120 ***	0.004396 ***
	(0.001387)	(0.011788)	(0.000536)
ω_i	0.000017 ***	0.024322 **	0.001025
	(0.000006)	(0.012043)	(0.003564)
α_i	0.2231363	0	0.004252
	(0.187282)	(0.021521)	(0.004308)
β_i	0.137119	0.917296 ***	0.994616 ***
	(0.237752)	(0.084262)	(0.021277)
η_i	6.430920 ***	11.072043	5.496257 ***
	(3.071727)	(10.220063)	(2.071893)
λ_i	0.750102 ***	1.587741 ***	1.116205 ***
	(0.14021)	(0.227534)	(0.125354)
Z_2	0.668917 ***		0.488238 ***
	(0.076997)		(0.001898)
Z_3		-0.778573 ***	0.017496
		(0.058956)	(0.013705)
Z_4			-0.776702 ***
			(0.000459)
Z_5			-0.333993 ***
			(0.000269)

注：（1）括号内数据为标准误差。

（2）当 $|t| > 1.64$、1.96、2.576 时，用 *、** 和 *** 分别表示在 10%、5% 和 1% 的显著性水平上显著。

表 7 - 6 是不同的动态 Copula - GARCH 方程的参数估计结果，分别是 Gaussian 相依结构、Student - t 相依结构和 Gumbel 相依结构、Clayton 相依结构。在汇率—进口中和静态 Copula 一样，没有得到 Gumbel 相依结构估计结果，说明在汇率—进口中这类 Copula 相依结构不适用。我们通过 AIC 的取值比较可以得出，在汇率—进口相依结构中，Gaussian Copula 所对应的 AIC 信息准则的值是三种 Copula 模型中最小的值。因此，Gaussian Copula 相对于其他两种 Copula 模型的解释能力更强。而在汇率—出口相依结构中。同样也是 Gaussian Copula 所对应的 AIC 和信息准则的值是四种 Copula 模型中最小的值。相对于其他三种 Copula 模型 Gaussian Copula 的解释能力更强。在汇率—进口相依结构中，Gaussian 相依结构特征参数 γ_c 非常显著，说明短期效应明显。而汇率—出口相依结构的回归系数 β_c 显著，说明汇率—出口相依结构存在高度长期相依关系。

表 7 - 6　　　　　　　　　动态 Copula - GARCH 结果

Copula - GARCH		
	汇率—进口	汇率—出口
Panel A：Estimation of Gaussian dependence structure		
α_c	0. 299519	- 0. 32167 **
	(0. 175488)	(0. 14758)
β_c	- 0. 077599	- 0. 72597 ***
	(0. 288519)	(0. 25195)
γ_c	- 0. 943287 ***	0. 38839
	(0. 430539)	(0. 29053)
ln(L)	2. 015879	2. 144845
AIC	1. 968243	1. 71031
Panel B：Estimation of Student - t dependence structure		
α_c	0. 303250 **	- 0. 32263 **
	(0. 170320)	(0. 15036)
β_c	- 0. 058945	- 0. 72243 ***
	(0. 270036)	(0. 26088)

续表

Copula – GARCH	汇率—进口	汇率—出口
γ_c	– 1. 023001 ***	0. 39253
	(0. 388970)	(0. 29535)
n	9. 825217 ***	66. 13739 ***
	(2. 352097)	(0. 80736)
ln(L)	2. 395632	2. 025726
AIC	3. 208735	3. 948549
Panel C: Estimation of Gumbel dependence structure		
α_c		0. 043321
		(0. 092313)
β_c		0. 549152
		(0. 390334)
γ_c		– 0. 278056
		(0. 305549)
ln(L)		2. 107272
AIC		1. 785457
Panel D: Estimation of Clayton dependence structure		
α_c	– 0. 0048045	– 0. 34163 **
	(0. 1958052)	(0. 14727)
β_c	– 0. 8671479 ***	– 0. 61139 ***
	(0. 2060032)	(0. 25747)
γ_c	0. 809761	– 0. 98983
	(1. 4444215)	(1. 66986)
ln(L)	0. 6998948	1. 696471
AIC	4. 60021	2. 607058

注: *、**和***分别表示在10%、5%和1%的显著性水平上显著。

人民币汇率与云南对老挝进口的三种不同动态 Copula 相依关系如图 7 – 3 所示，在汇率—进口相依结构中，Gaussian Copula 所对应的 AIC

信息准则的值是三种 Copula 模型中最小的值。因此，Gaussian Copula 相对于其他两种 Copula 模型的解释能力更强。从动态的 Gaussian Copula 图中我们可以看到人民币汇率与云南对老挝进口动态相依关系大多是在 -0.6—0.4 浮动，其中大部分时间是负的相依关系。而 2006—2008 年我们可以看到非常明显的下降，可能是受到了 2008 年金融危机的影响。此外，在 2011 年末出现了剧烈的下降。

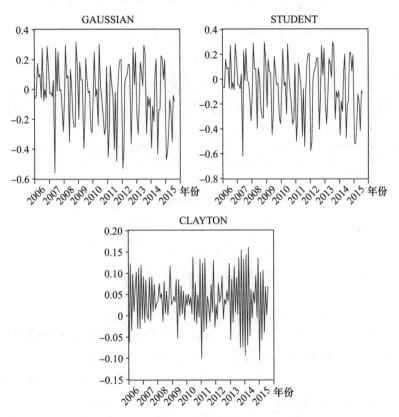

图 7 - 3　汇率与进口动态 Copula 相依关系

在汇率—出口相依结构中（见图 7 - 4），Gaussian Copula 所对应的 AIC 和信息准则的值是四种 Copula 模型中最小的值。相对于其他三种 Copula 模型 Gaussian Copula 的解释能力更强。从动态的 Gaussian Copula 图中我们可以看到人民币汇率与云南对老挝出口动态相依关系一直都为负相依关系。

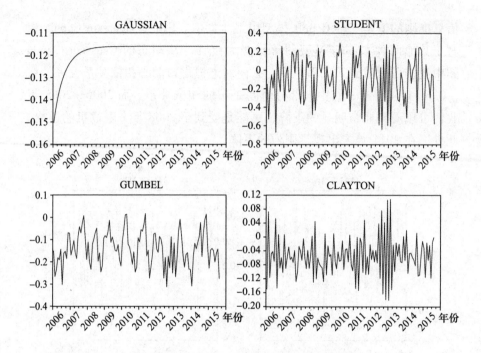

图 7-4　汇率与出口动态 Copula 相依关系

第四节　本章小结

　　静态 Copula 实证结果表明，人民币汇率与云南省对老挝进出口贸易额之间的 Copula 相依关系成立，在汇率与进出口相依关系中，分别是 Gaussian Copula 和 Clayton Copula 所对应的 AIC 和 BIC 信息准则的值是六种 Copula 模型中最小的值。因此，Gaussian Copula 相对于其他五种 Copula 模型在汇率与进口相依关系中更合适、更准确；Clayton Copula 相对于其他五种 Copula 模型在汇率与出口相依关系中更合适、更准确。在人民币汇率与云南省对老挝进口贸易的相依关系中，最适合的 Gaussian Copula 不显著，但在 Placket Copula 存在非常显著的负相依关系，并超过了边界 0.1960664，即我们没有得到预计的结果（即随着人民币的升值，进口商品的价格下降，进口商品的低价会促使进口量增长）。反而，在汇率与进口的相依关系中，当人民币汇率贬值时，云南省对老挝进口额同时也会大幅度上升。另外，在人民币汇率与云南省对老挝出口贸易 Copula 相依关系中，最适合的 Clayton Copula 不显著，但在 Placket Copula 存在一定显著的正相依关系，这与最适合的 Clayton Copula 结果一致，即当人民币汇率升值时，云南省对老挝出口额同时也会大幅度上升。因此不排除可能会有 J 曲线效应的存在。

动态 Copula 实证结果表明，人民币汇率与云南省对老挝进出口贸易额之间的动态 Copula 相依关系成立，通过比较 AIC 的取值，对于汇率来说 ARMA(1，0)—GARCH(1，1)是最合适的模型。而进口和出口最适合的模型分别是 ARMA(0，1)—GARCH(1，1)和 ARMA(2，2)—GARCH(1，1)模型，进口和出口存在长期效应。

通过 AIC 取值比较可以得出，在汇率—进口相依结构中，Gaussian Copula 相对于其他两种 Copula 模型的解释能力更强。而在汇率—出口相依结构中，相对于其他三种 Copula 模型同样也是 Gaussian Copula 的解释能力更强。在汇率—进口相依结构存在高度短期效应，汇率—出口相依结构存在高度长期相依关系。

从动态的 Gaussian Copula 图中我们可以看到，人民币汇率与云南对老挝进口动态相依关系大多是在 −0.6—0.4 浮动，其中大部分时间是负的相依关系。即和静态 Copula 结果相同，我们没有得到预计的结果（即随着人民币的升值，进口商品的价格下降，进口商品的低价会促使进口量增长）。而 2006—2008 年我们可以看到明显的下降，可能受到了 2008 年金融危机的影响。此外，在 2011 年出现了剧烈的下降，可能是受到了 2011 年洪涝自然灾害的影响。

在汇率—出口相依结构中，相对于其他三种 Copula 模型 Gaussian Copula 的解释能力更强。从动态的 Gaussian Copula 图中我们可以看到，人民币汇率与云南对老挝出口动态相依关系一直都为负相依关系，这与静态 Copula 模型结果刚好相反。但结合与动态 Gaussian Copula 的 AIC 取值非常相近的动态 Gumbel Copula 图形来看，的确有非常短的时间和静态 Copula 结果一致，即存在一定的正相依关系。因此，动态的 Gaussian Copula 的结果更准确一些，即大部分时间随着人民币的升值，出口商品的价格上升，会使出口量下降。

第八章　汇率波动对云南与柬埔寨
进出口的影响研究

据中国驻柬埔寨大使馆提供的数据:"2016 年上半年,中柬双边贸易额达 23.4 亿美元,比去年同期增长 10.2%。柬埔寨盛产的天然橡胶、木材、海鲜等,这些商品是柬埔寨向中国出口的主要物资,符合中国的需求;另外,柬埔寨由于经济落后,需要从国外进口大量的农业机械、家电、水泥、钢材、日用品等,而中国正是这些产品的出口大国。"① 柬埔寨和中国的进出口贸易存在明显的互补性,这有利于两国发展贸易关系,互相促进双方的贸易和经济。

云南省对柬埔寨有着良好的区位优势和深厚的传统友谊。自实施东盟自贸区与"桥头堡"建设以来,云南省已经成为我国面向印度洋的重要前沿区域,肩负着与周边国家开展经贸合作、发展睦邻友好等方面关系的重要任务。② 云南与柬埔寨的贸易量相较于东盟其他国家还较少,由图 1-3 和图 1-5 可以看出,据昆明海关统计,2015 年,柬埔寨在云南对东盟十国的进口中排名倒数第二,在云南对东盟十国出口中排名同样也是倒数第二,分别占云南省对东盟十国进口总额的 0.004%,仅占云南省对东盟十国出口总额的 0.9%。柬埔寨对云南省主要出口的产品是鞋服、橡胶、大米和木薯等产品。鞋和服装的出口额占总出口额的九成。主要的进口商品为工业基础的辅助原料、建材、化工产品、食品、燃料、汽车等。③

---

① 陈淑梅:《柬中经贸发展的现状及问题研究》,硕士学位论文,中央民族大学,2013 年,第 30 页。

② 郭元丽、余泳:《云南—柬埔寨"政热经冷"现象的解析及对策研究》,《中国市场》2015 年第 16 期。

③ 杨小东:《云南企业对柬埔寨投资现状调查报告》,硕士学位论文,云南财经大学,2015 年,第 8 页。

　　近年来，一些学者们对云南省与柬埔寨进出口贸易进行了相关的重要研究，熊彬、褚巨能（2011）研究发现，在 GMS 国家中，柬埔寨由于经济发展比较落后，与云南省进出口贸易量较少；但随着柬埔寨经济的良好发展，云南省与柬埔寨的贸易发展有很大潜力。赵梅、袁静梅、谭淑娟（2012）认为，根据缅甸和越南已经在云南出口贸易中占据了重要份额，泰国高于云南省经济发展水平的现状，云南省应该重点开拓柬埔寨和老挝的市场。熊彬、牛峰雅（2014）通过采用显性贸易互补性指数和比较优势指数对云南与东盟国家农产品贸易现状进行实证研究发现：柬埔寨农产品 RCA < 1，说明柬埔寨农产品处于比较劣势，这与柬埔寨的整体经济实力差相关，柬埔寨是世界上最小的发展中国家之一，农业技术进步缓慢，农业投资能力较差，农业生产效率较低，农业发展的速度远远低于世界农业发展速度。李丹、李跃波（2015）对2013 年大湄公河次区域国家国际贸易情况研究发现，各国外贸依存度都很大，特别是柬埔寨、越南、泰国，外贸依存度大于 100%，说明国际贸易是拉动国内经济发展的主要动力之一。郭元丽、余泳（2015）研究发现，云南省作为我国面向东盟的"桥头堡"，肩负着与大湄公河次区域国家发展经贸合作、友好交往的重要任务。但是对于长期外交关系良好的柬埔寨，出现了"政热经冷"的情况，在双方经贸合作中，最为严重的是云南对柬埔寨贸易逆差过大的问题，其次是投资环境差，双方在工程承包项目领域合作不稳定的问题。

　　2012 年 8 月中国银行与柬埔寨中央银行进行了谈判，以促进人民币的跨境结算，这一官方谈判是我国与柬埔寨贸易往来良好发展的标志，已经有若干家柬埔寨商业银行开展了人民币商业结算和汇款业务。但 2012 年 4 月，两国仅有 4% 的国际贸易是通过人民币结算的。[①] 据中国工商银行消息："2014 年柬埔寨国家银行正式批准中国工商银行金边分行为柬埔寨人民币业务清算行，并为当地银行同业提供人民币账户管理、人民币同业清算、跨境人民币资金清算、流淌性支持以及人民币资金市场服务等全面的人民币清算服务。"[②] 柬埔寨商业研究中心的经济学家认为人民币汇率的稳定有助于避免美元汇率波动带来的风险，但人

---

① 张若谷：《柬埔寨人民币结算悄然兴起》，《云南日报》2012 年 8 月 8 日。
② 《工行成为柬埔寨人民币业务清算银行》，中国工商银行快讯，2014 年 3 月 25 日。

民币的国际地位还需要进一步提升。

本章选取了 2006 年 1 月至 2015 年 11 月云南省对柬埔寨进出口额月度数据以及 2006 年 1 月至 2015 年 11 月人民币兑美元汇率月度数据，根据昆明海关统计，由图 8 - 1 可以看出，自 2006 年至 2015 年，十年来云南对柬埔寨进口从几乎为零增加到了 18.1498 万美元，云南对柬埔寨出口由 351.4756 万美元增加到了 7458.0427 万美元，十年增长了 20.2 倍。

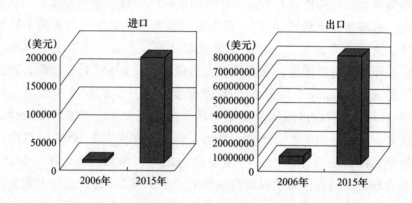

图 8 - 1　云南省对柬埔寨十年进出口变化

资料来源：昆明海关。

从图 8 - 2 我们可以看到云南对柬埔寨的进口额非常少，而云南对柬埔寨出口增长得非常迅速，发展潜力巨大。由于云南柬埔寨进出口数据不同于东盟其他国家进出口数据，从云南对柬埔寨进口的月度数据，119 个月中只有十多个月有进口，因此，本章选择重点分析汇率对云南对柬埔寨出口的相依关系，剔除没有出口量的月份后，共计 112 组数据。本章用 $y_{1,t}$、$y_{2,t}$（$t=1, 2, \cdots, T$）分别表示云南省对柬埔寨出口额和人民币兑美元汇率月度数据序列，用 $r_{1,t}$、$r_{2,t}$ 分别表示云南省对柬埔寨出口额和人民币兑美元汇率对数递增率。即 $r_{i,t} = \ln(y_{i,t}/y_{i,t-1})$，（$i=1, 2$）。

从云南省对柬埔寨出口额和人民币兑美元汇率对数递增率描述性统计（见表 8 - 1）可以看出：从偏度和峰度来看，人民币兑美元汇率的偏度小于零，峰度大于 3，其分布呈现出"左偏，尖峰"的分布形态，云南省对柬埔寨的出口额的偏度大于零，峰度大于 3，其分布呈现出"右偏，尖峰"的分布形态。

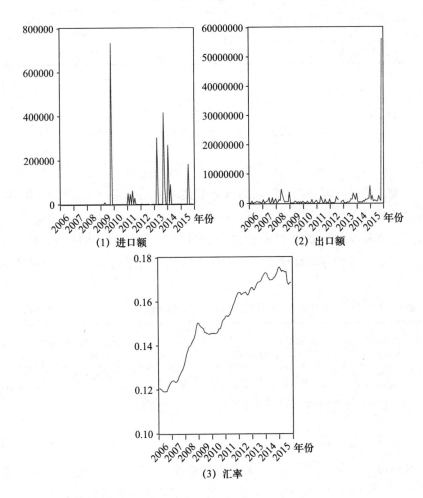

图 8 - 2　云南省对柬埔寨进口额、出口额和人民币兑美元汇率月度数据

表 8 - 1　　　　云南省对柬埔寨出口额和人民币兑美元汇率

对数递增率描述性统计

	出口	汇率
均值	0.055473	0.003035
标准差	2.031627	0.006863

续表

	出口	汇率
偏度	0.036170	-0.452734
峰度	3.353857	5.865914
J—B 统计量	0.603322	41.77918

第一节　边缘分布的确定

本章采用 ADF 和 PP 检验对各对数递增率序列进行单位根检验，考察是否有"伪回归"现象出现，检验结果如表 8 - 2 所示。由表 8 - 2 可知，所有收益率序列 ADF 检验和 PP 检验统计量在 1% 的显著性水平上都显著，表明各对数递增率序列是平稳的，可进行下一步实证分析。

表 8 - 2　　　　　　　　　各对数递增率单位根检验

	出口	汇率
ADF	-4.002971 ***	-6.497536 ***
PP	-4.002971 ***	-6.477856 ***

注：*** 表示在 1% 的显著性水平上显著。

本章运用了 Kolmogorov - Smirnov（K—S）检验某一样本是否服从特定的边缘分布。利用 K—S 检验方法来检验概率积分变换后的序列是否服从（0，1）均匀分布。若没有充足的证据拒绝原假设，则可以推断对所研究的变量边缘分布的假设是正确的。

表 8 - 3　　　　　　　　　边缘分布的 K—S 检验

	汇率	出口
K—S 检验	0.9827	0.982

根据表 8 - 3 中 K—S 检验的结果，检验统计量对应的概率值远大于

检验的临界概率值 0.10、0.05 和 0.01，没有充足的证据拒绝原假设，则可以推断云南省对柬埔寨出口额和人民币兑美元汇率的边缘分布的假设是正确的。所以可以认为，云南省对柬埔寨出口额和人民币兑美元汇率均服从由核密度估计得到的分布函数。

第二节　静态 Copula 模型

表 8 - 4 选择了六种具有代表性的 Copula 函数通过 R 软件来构建相应的二元 Copula 模型，从表中可以看出在汇率与出口中，只有在 Placket Copula 存在非常显著的负相依关系，并超过了边界 0.1752542。我们通过 AIC 和 BIC 的取值比较可以得出，在汇率与出口相依关系中，Student - t Copula 所对应的 AIC 和 BIC 信息准则的值在六种 Copula 模型中都是最小的。因此，Student - t Copula 相对于其他五种 Copula 模型在汇率与出口相依关系中更合适、更准确且存在与 Placket Copula 一致的负相依关系，但其相依关系并不显著。

表 8 - 4　　　　　　　　静态 Copula - GARCH 模型结果

	汇率—出口
Gaussian Copula	
ρ	- 0.1135215
	(0.09853681)
AIC	0.820739
BIC	0.892621
Student - t Copula	
ρ	- 0.07053467
	(0.1143868)
AIC	- 0.31773
BIC	- 0.24585
Clayton Copula	
θ	0.01012775
	(0.09293012)

续表

	汇率—出口
AIC	1.991574
BIC	2.063456
Gumbel Copula	
θ	
AIC	
BIC	
Placket Copula	
τ	0.8247458 ***
	(0.2357177)
AIC	0.668435
BIC	0.740317
Frank Copula	
τ	−0.374325
	(0.5755032)
AIC	1.600231
BIC	1.672113

注：（1）表 8–4 表示 Copula 的参数估计值，括号内数据为标准差。

（2）***、**和*分别代表在 1%、5% 和 10% 的水平上显著。

（3）汇率与出口中，Gumbel Copula 没有结果，说明 Gumbel Copula 不适用。

第三节　动态 Copula 模型

表 8–5 是 GARCH 模型估计结果，最适合的模型通过比较不同模型的 AIC 的取值进行筛选。通过比较，对于人民币汇率来说 ARMA(1, 0)—GARCH(1, 1)是最合适的模型。而出口最适合的模型是 ARMA(1, 2)—GARCH(1, 1)模型，汇率和出口的系数 α_i 不显著，而汇率和出口的 β_i 系数显著。结果说明汇率和出口存在长期效应。汇率和云南

对柬埔寨出口的条件方程的结果 ($\hat{\alpha} + \hat{\beta}$) 分别为 0.999000、
0.953037。汇率和云南对柬埔寨出口的非对称参数 λ_i 都为正且显著。

表 8 – 5　　　　　　　　　　　GARCH 模型结果

	汇率	出口
Z_1	0.003274 ***	0.015261
	(0.001026)	(0.013325)
ω_i	0.000000	0.138724
	(0.000000)	(0.186881)
α_i	0.000000	0.040587
	(0.026685)	(0.058742)
β_i	0.999000 ***	0.912450 ***
	(0.015827)	(0.084727)
η_i	4.083474 ***	5.479632 ***
	(1.298503)	(4.405646)
λ_i	0.931823 ***	0.688637 ***
	(0.128935)	(0.108537)
Z_2	0.474846 ***	– 0.227869 **
	(0.07739)	(0.117855)
Z_3		– 0.541117 ***
		(0.129859)
Z_4		– 0.372704 ***
		(0.124997)

注：（1）括号内数据为标准误差。
　　（2）当 $|t| > 1.64$、1.96、2.576 时，用 * 、** 和 *** 分别表示在 10% 、5% 和 1% 的水平上显著。

表 8 – 6 是不同的动态 Copula – GARCH 方程的参数估计结果，分别
是 Gaussian 相依结构、Student – t 相依结构、Gumbel 相依结构和 Clayton
相依结构。在汇率—出口相依结构中，Clayton Copula 所对应的 AIC 和

信息准则的值是四种 Copula 模型中最小的值。说明相对于其他三种 Copula 模型 Clayton Copula 的解释能力更强。

表 8 – 6 动态 Copula – GARCH 结果

Copula – GARCH

	汇率—出口
Panel A：Estimation of Gaussian dependence structure	
α_c	0. 076169
	(0. 191316)
β_c	− 0. 181607
	(0. 791611)
γ_c	− 0. 220969
	(0. 413651)
$\ln(L)$	0. 1462537
AIC	5. 707493
Panel B：Estimation of Student – t dependence structure	
α_c	0. 094865
	(0. 192388)
β_c	− 0. 155055
	(0. 799999)
γ_c	− 0. 244367
	(0. 420786)
n	38. 622179
$\ln(L)$	0. 165838
AIC	7. 668324
Panel C：Estimation of Gumbel dependence structure	
α_c	0. 146196
	(0. 130576)

续表

Copula – GARCH	
	汇率—出口
β_c	- 0. 085414
	(0. 347306)
γ_c	- 0. 773560 *
	(0. 422895)
ln(L)	2. 200663
AIC	1. 598674
Panel D: Estimation of Clayton dependence structure	
α_c	0. 005355
	(0. 010900)
β_c	0. 905608 ***
	(0. 042480)
γ_c	- 1. 931439 ***
	(0. 745813)
ln(L)	3. 864151
AIC	- 1. 728303

注：＊、＊＊和＊＊＊分别表示在10%、5%和1%的水平上显著。

在汇率—出口相依结构中，Clayton 相依结构的回归系数 β_c 都接近 1 且显著，说明汇率—出口相依结构存在高度长期相依关系。在汇率—出口相依结构中 Clayton 相依关系中的特征参数 γ_c 非常显著，说明它同时存在一定短期效应。

人民币汇率与云南对柬埔寨出口的四种不同动态 Copula 相依关系如图 8 – 3 所示，在汇率—出口相依结构中，Clayton Copula 所对应的 AIC 信息准则的值是四种 Copula 模型中最小的值。说明 Clayton Copula 相对于其他三种 Copula 模型的解释能力更强。从动态的 Clayton Copula 图中我们可以看到，人民币汇率与云南对柬埔寨出口动态相依关系大多是在 - 0. 4—0. 4 浮动，其中大部分时间是负的相依关系。而在 2008—2009 年我们可以看到非常明显的下降，可能受到了 2008 年金融危机的影响。此外在 2014 年出现了剧烈的下降。

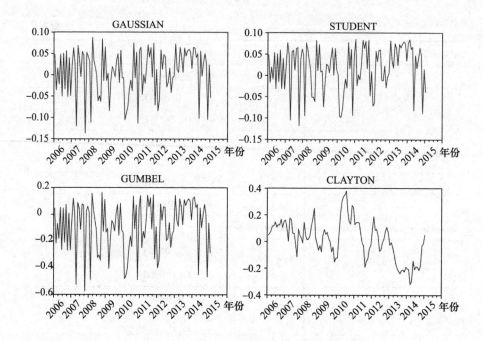

图 8 - 3　汇率与出口动态 Copula 相依关系

第四节　本章小结

　　静态 Copula 实证结果表明，人民币汇率与云南省对柬埔寨出口之间的 Copula 相依关系成立，在汇率与出口相依关系中，Student - t Copula 所对应的 AIC 和 BIC 信息准则的值是六种 Copula 模型中最小的值。因此，Student - t Copula 相对于其他五种 Copula 模型在汇率与出口相依关系中更合适、更准确。但其相依关系并不显著。在人民币汇率与云南省对柬埔寨出口贸易的相依关系中，只有在 Placket Copula 存在非常显著的负相依关系，并超过了边界 0.1752542，且与 Student - t Copula 的负相依关系一致。即说明人民币贬值对于云南省对柬埔寨出口有一定的促进作用，即随着人民币的贬值，出口商品的价格下降，出口的低价会促使出口量增长。

　　动态 Copula 实证结果表明，人民币汇率与云南省对柬埔寨出口贸易额之间的动态 Copula 相依关系成立，通过比较 AIC 的取值，对于汇率来说 ARMA(1，0)—GARCH(1，1)是最合适的模型。而出口最适合的模型是 ARMA(1，2)—GARCH(1，1)，汇率和出口均存在长期效应。汇率和云南对柬埔寨出口的非对称参数 λ_i 都为正且显著。

通过 AIC 取值比较可以得出，在汇率—出口相依结构中，相对于其他三种 Copula 模型 Clayton Copula 的解释能力更强。在汇率—出口相依结构既存在高度长期相依关系又有一定的短期效应。

从动态的 Clayton Copula 图中我们可以看到人民币汇率与云南对柬埔寨出口动态相依关系大多是在 −0.4—0.4 浮动，其中大部分时间是负的相依关系且与静态 Copula 结果一致。即随着人民币的升值，出口商品的价格上升，会使出口量下降。而在 2008—2009 年我们可以看到一个非常明显的下降，可能受到了 2008 年金融危机的影响。此外在 2014 年出现了非常显著的负相依关系，可能受到 2014 年人民币兑美元汇率全年贬值 0.36% 的影响。美国经济复苏、美元走强是人民币汇率贬值的直接原因。而云南对柬埔寨出口持续上升，从而导致汇率与出口相依关系出现一个极度的负相依关系。

第九章　汇率波动对云南与新加坡
进出口的影响研究

20 世纪 70 年代，新加坡开始摆脱了完全依靠转口贸易维持发展的情况，经济发展迅速，逐渐发展成为亚洲"四小龙"之一，同时也是国际最成熟的资本市场之一。新加坡与我国的贸易合作紧密，据新加坡国际企业发展局统计："2016 年中国与新加坡双边货物进出口额为832.3 亿美元，中国为新加坡第一大贸易伙伴，同时也是第一大出口市场和第一大进口来源地。"[①] 2016 年 5 月云南驻新加坡商务代表处共同举办了云南与新加坡特色商品贸易推介会："促成了云南农垦高原特色农产品公司、元谋农天下农业开发有限公司、云南香绿源科技开发有限公司、云南老厨娘食品有限公司分别与新加坡 &Beyond 公司签订了贸易合作框架协议。"[②]

由图 1 – 3 和图 1 – 5 可以看到，据昆明海关统计，截至 2015 年，在云南省对东盟十国进口中，新加坡是第五大进口贸易伙伴国，同时在云南省对东盟十国出口中，排名第六，分别占云南省对东盟十国进口总额的 0.69%，对东盟十国出口总额的 6.36%。

据云南省商务厅东盟贸易处统计："2016 年，云南省与新加坡的贸易额为 1.03 亿美元，其中出口新加坡的主要商品为船舶、烟草、鲜花和磷肥，进口的主要商品为聚乙烯和试验检测仪器。"[③] 近年来部分学者对云南省与新加坡进出口贸易做了重要研究，如周常春、卢哲（2012）认为，云南省在与新加坡的合作中不能只顾单纯出口锡矿石的初级原料，应该努力学习吸收对方的先进技术，由此增强自身的锡冶炼

---

① 徐婷：《云南食品企业组团探路东南亚市场》，《昆明日报》2017 年 5 月 26 日。
② 《云南省商务厅 2016 印度尼西亚、新加坡市场开拓团组圆满完成出访任务》，云南商务之窗，2016 年 5 月 31 日。
③ 徐婷：《云南食品企业组团探路东南亚市场》，《昆明日报》2017 年 5 月 26 日。

工艺、掌握科技核心竞争力，为未来由于资源日益枯竭，减少初级矿石
原料的出口做好准备。丁志吉（2013）认为，尽管云南省有天然的澜
沧江—湄公河的运输通道，但是流经各国的自然条件、经济发展水平以
及交通运输情况差距较大、运输能力有限，因此开通统一河运的通道难
度较大。对于东盟国家内部而言，除新加坡交通基础设施比较完善外，
其他国家都还存在很多问题。熊彬、牛峰雅（2014）指出，新加坡、
柬埔寨和文莱由于自身的农业发展缓慢，且自然禀赋不够优越，所以对
于云南省农产品进口与其农产品出口贸易互补性很弱。张悟移、刘佳
（2014）认为，应该利用云南省和新加坡对农产品需求的差异，现阶段
应该以航空运输模式为主，可以将云南省的蔬菜、鲜花、菌类等生鲜农
产品运往新加坡，而将新加坡的海产品运到云南省，这样既解决了双方
的需求又促进了贸易，还可有效推动两地航空基地联盟建设。陈莺
（2017）提出，云南省应该尽快制订与国际接轨的农产品出口质量标准
体系。东盟部分成员国已经十分重视标准化方面的建设工作，如新加
坡、马来西亚等国在农产品进口标准方面已经采用了发达国家及地区的
先进技术标准。赵俊、道金荣、蔡晓琳等（2017）认为，昆曼大通道
的贯通，拉动了货运出口及转口贸易的繁荣发展。另外，大湄公河流域
航运的恢复、泛亚铁路的建设等，对推动云南省直达新加坡的蔬菜出口
起到了很大的作用。

　　中国进出口贸易多以贸易国货币或第三国货币作为计价结算货币，
在汇率不稳定的情况下，中国外贸企业与周边国家贸易活动的汇率风险
加大；据新加坡金管局统计："2015 年上半年，新加坡与我国境内发生
跨境人民币结算收付达到 5700 亿元，占我国全部海外市场的 10.1%。
在贸易融资方面，新加坡本地 9 月人民币贸易融资余额约为 2510 亿元，
其中工商银行新加坡分行人民币贸易融资余额 573 亿元，占本地市场的
23%。"① 根据汇丰银行调查显示："在 100 家有中国业务的新加坡企业
中，有近一半预计接下来一年里与中国的跨境贸易人民币结算会增加。
至今未使用人民币结算贸易的新加坡企业当中，有近三分之一未来打算

---

① 赵颖：《新加坡成为仅次于香港的全球第二大离岸人民币交易中心》，国际在线，2015
年 11 月 5 日。

使用人民币。"①

　　本章选取了 2006 年 1 月至 2015 年 11 月云南省对新加坡进出口额月度数据以及 2006 年 1 月至 2015 年 11 月人民币兑美元汇率月度数据，共计 119 组数据。根据昆明海关统计，由图 9 - 1 可以看出，自 2006 年至 2015 年，云南对新加坡进口由 3245.6802 万美元增加到了 3420.5633 万美元，增长了 0.05 倍，云南对新加坡出口由 4.3320 亿美元增加到了 5.2420 亿美元，是 2006 年的 1.2 倍。

　　从图 9 - 2 我们可以看到，因为受到金融危机的影响，2008 年和 2009 年云南对新加坡进出口有所下滑，尤其是进口下滑非常明显。但 2010 年后，云南与新加坡贸易逐渐摆脱金融危机的影响，虽然有很大的波动，但有一定的上升趋势。本章用 $y_{1,t}$、$y_{2,t}$、$y_{3,t}$（$t = 1, 2, \cdots, T$）分别表示云南省对新加坡进口额、出口额和人民币兑美元汇率月度数据序列，用 $r_{1,t}$、$r_{2,t}$、$r_{3,t}$ 分别表示云南省对新加坡进口额、出口额和人民币兑美元汇率对数递增率，即 $r_{i,t} = \ln(y_{i,t} / y_{i,t-1})$，（$i = 1, 2, 3$）。

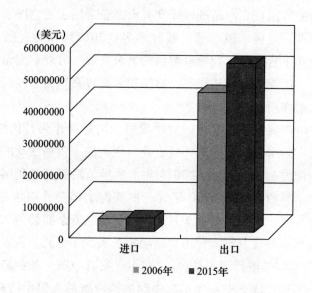

图 9 - 1　云南省对新加坡十年进出口变化

资料来源：昆明海关。

---

① 《人民币跨境支付系统在新加坡正式启用》，联合早报网，2015 年 10 月 9 日。

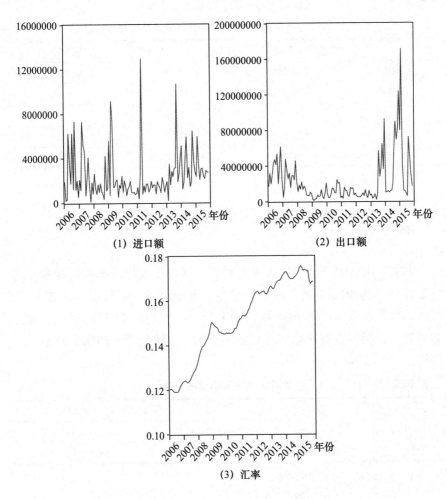

图 9 - 2　云南省对新加坡进口额、出口额和人民币兑美元汇率月度数据

　　从云南省对新加坡进口额、出口额和人民币兑美元汇率对数递增率描述性统计（见表 9 - 1）可以看出：从偏度和峰度来看，人民币兑美元汇率的偏度小于零，峰度大于 3，其分布呈现出"左偏，尖峰"的分布形态，云南省对新加坡的出口额和进口额的偏度大于零，峰度大于 3，其分布呈现出"右偏，尖峰"的分布形态，从 J—B 统计量表明递增率序列遵循正态分布的假设遭到拒绝，说明递增率序列不服从正态分布。

表 9 – 1	云南省对新加坡进口额、出口额和 人民币兑美元汇率对数递增率描述性统计		
	进口	出口	汇率
均值	0.002858	– 0.00005	0.002855
标准差	1.097515	0.742290	0.006473
偏度	0.196239	0.137200	– 0.600438
峰度	3.803628	3.907593	6.148564
J—B 统计量	3.932627	4.420181	55.83151

第一节 边缘分布的确定

本章采用 ADF 和 PP 检验对各对数递增率序列进行单位根检验，考察是否有"伪回归"现象出现，检验结果如表 9 – 2 所示。由表 9 – 2 可知，所有收益率序列 ADF 检验和 PP 检验统计量在 1% 的置信水平上都显著，表明各对数递增率序列是平稳的，可进行下一步实证分析。

表 9 – 2	各对数递增率单位根检验		
	进口	出口	汇率
ADF	– 10.75756 ***	– 16.03745 ***	– 5.931382 ***
PP	– 53.57530 ***	– 25.68919 ***	– 5.831171 ***

注：*** 表示在 1% 的置信水平上显著。

本章运用了 Kolmogorov – Smirnov（K—S）检验某一样本是否服从特定的边缘分布。利用 K—S 检验方法来检验概率积分变换后的序列是否服从（0，1）均匀分布。若没有充足的证据拒绝原假设，则可以推断对所研究的变量边缘分布的假设是正确的。

根据表 9 – 3 中 K—S 检验的结果，检验统计量对应的概率值远大于检验的临界概率值 0.10、0.05 和 0.01，没有充足的证据拒绝原假设，则可以推断云南省对新加坡进口额、出口额和人民币兑美元汇率的边缘分布的假设是正确的。所以可以认为云南省对新加坡进口额、出口额和人民币兑美元汇率均服从由核密度估计得到的分布函数。

表 9 - 3	边缘分布的 K—S 检验		
	汇率	进口	出口
K—S 检验	0.9836	0.9836	0.9554

第二节　静态 Copula 模型

表 9 - 4 选择了六种具有代表性的 Copula 函数通过 R 软件来构建相应的二元 Copula 模型，我们通过 AIC 和 BIC 的取值比较可以得出，在进口—汇率、出口—汇率的相依关系中，分别是 Clayton Copula 和 Student - t Copula 对应的 AIC 和 BIC 信息准则的值是六种 Copula 模型中最小的值。因此，Clayton Copula 和 Student - t Copula 相对于其他五种 Copula 模型在汇率与进出口的相依关系中更合适、更准确。但从表中可以看出在汇率与进口关系中，只有 Gumbel Copula 和 Placket Copula 存在非常显著的正相依关系（当 $\tau = 1$ 时表示 m 和 w 没有相依关系，当 $\tau \to 0$ 时，表示负的相依关系，当 $\tau \to \infty$ 时，表示正的相依关系），并超过了边界 0.109859。而在汇率与出口关系中，只有 Placket Copula 存在非常显著的正相依关系，并超过了边界 0.226013。

表 9 - 4	静态 Copula - GARCH	
	汇率—进口	汇率—出口
Gaussian Copula		
ρ	0.05917565	0.0009555106
	(0.1005972)	(0.08520523)
AIC	1.650242	1.999907
BIC	1.722124	2.071789
Student - t Copula		
ρ	0.0363559	0.0474035
	(0.111134)	(0.104345)
AIC	2.895016	- 1.79166
BIC	2.966898	- 1.71978

续表

	汇率—进口	汇率—出口
Clayton Copula		
θ	0.07995148	0.08625309
	(0.1271062)	(0.1130021)
AIC	1.488393	1.460407
BIC	1.560275	1.532289
Gumbel Copula		
θ	1.025548 ***	
	(0.0621741)	
AIC	1.813479	
BIC	1.885361	
Placket Copula		
τ	1.109859 ***	1.226013 ***
	(0.3088962)	(0.3199897)
AIC	1.871483	1.569769
BIC	1.943365	1.641651
Frank Copula		
τ	0.2043948	0.3609242
	(0.5570352)	(0.520457)
AIC	1.868671	1.618352
BIC	1.940553	1.690234

注：（1）表9－4表示Copula的参数估计值，括号内数据为标准差。

（2）***、**和*分别代表在1%、5%和10%的水平上显著。

（3）在汇率和出口中，Gumbel Copula没有结果，说明Gumbel Copula不适用。

第三节 动态 Copula 模型

表9－5是GARCH模型估计结果，最适合的模型通过比较不同模型的AIC的取值进行筛选。通过比较，对于人民币汇率来说ARMA（1，0）—GARCH（1，1）是最合适的模型。而进口和出口最适合的模型分别

是 ARMA（2，1）—GARCH（1，1）和 ARMA（2，1）—GARCH（1，1）模型。进口和出口的 β_i 系数均显著，结果说明进口和出口存在长期效应。汇率和云南对新加坡进出口的条件方程的结果（$\hat{\alpha} + \hat{\beta}$）分别为 0.3602553、0.994779、0.999000。汇率和云南对新加坡进出口的非对称参数 λ_i 都为正且显著。

表 9 – 5　　　　　　　　　　　GARCH 模型结果

	汇率	进口	出口
Z_1	0.002762 **	0.001534	– 0.00665
	(0.001387)	(0.011235)	(0.02032)
ω_i	0.000017 ***	0.000012	0.002224
	(0.000006)	(0.024727)	(0.02088)
α_i	0.2231363	0	0
	(0.187282)	(0.036785)	(0.03031)
β_i	0.137119	0.994779 ***	0.999000 ***
	(0.237752)	(0.025114)	(0.028880)
η_i	6.430920 ***	4.392509 ***	5.866431
	(3.071727)	(1.095220)	(5.336261)
λ_i	0.750102 ***	1.158081 ***	1.040723 ***
	(0.140210)	(0.135573)	(0.149170)
Z_2	0.668917 ***	– 0.206581 ***	0.538988 ***
	(0.076997)	(0.075029)	(0.123238)
Z_3		– 0.090687	– 0.046743
		(0.090580)	(0.122163)
Z_4		– 0.807720 ***	– 0.856239 ***
		(0.048961)	(0.088140)

注：（1）括号内数据为标准误差。

（2）当 $|t| > 1.64$、1.96、2.576 时，用 *、** 和 *** 分别表示在 10%、5% 和 1% 的水平上显著。

表 9 – 6 是不同的动态 Copula – GARCH 方程的参数估计结果，四个部分分别是 Gaussian 相依结构、Student – t 相依结构、Gumbel 相依结构和 Clayton 相依结构，在汇率—进口中我们没有得到 Student – t 相依结构

估计结果，说明在汇率—进口中 Student – t 相依结构不适用。我们通过 AIC 的取值比较可以得出，在汇率—进口相依结构中，Gumbel Copula 所对应的 AIC 信息准则的值是三种 Copula 模型中最小的值。因此，Gumbel Copula 相对于其他两种 Copula 模型的解释能力更强。而在汇率—出口相依结构中，我们没有得到 Gumbel Copula 相依结构估计结果，说明在汇率—出口中 Gumbel Copula 相依结构不适用。Clayton Copula 所对应的 AIC 和信息准则的值是三种 Copula 模型中最小的值。说明相对于其他两种 Copula 模型 Clayton Copula 的解释能力更强。

表 9 – 6   **动态 Copula – GARCH 结果**

Copula – GARCH	汇率—进口	汇率—出口
Panel A: Estimation of Gaussian dependence structure		
α_c	0. 032566	0. 1080012 ***
	(0. 030786)	(0. 0040594)
β_c	0. 864832 ***	– 1. 1131037 ***
	(0. 155586)	(0. 0010141)
γ_c	– 2. 584256 *	0. 7128115 ***
	(1. 467283)	(0. 0058498)
ln(L)	2. 544683	5. 661379
AIC	0. 9106341	– 5. 322759
Panel B: Estimation of Student – t dependence structure		
α_c		0. 084173
		(0. 069711)
β_c		0. 781607 ***
		(0. 179949)
γ_c		– 3. 176339
		(2. 151254)
n		3. 085373 ***
		(1. 093288)
ln(L)		4. 480455
AIC		– 0. 9609107

续表

Copula - GARCH		
	汇率—进口	汇率—出口
Panel C：Estimation of Gumbel dependence structure		
α_c	- 13. 62273 ***	
	(2. 20718)	
β_c	0. 42679	
	(0. 10409)	
γ_c	- 134. 01815	
	(13. 05301)	
ln(L)	3. 620678	
AIC	- 1. 241356	
Panel D：Estimation of Clayton dependence structure		
α_c	- 0. 046117	- 0. 128807 ***
	(0. 099070)	(0. 028396)
β_c	0. 029517	0. 995307 ***
	(0. 870368)	(0. 016364)
γ_c	0. 222395	0. 423108 ***
	(0. 233962)	(0. 098088)
ln(L)	0. 8272337	8. 404186
AIC	4. 345533	- 10. 80837

注：(1) *、**和***分别表示在10%、5%和1%的水平上显著。

(2) 在汇率和进口中，Student - t Copula 没有结果，说明 Student - t Copula 不适用。

(3) 在汇率和出口中，Gumbel Copula 没有结果，说明 Gumbel 不适用。

人民币汇率与云南对新加坡进口的三种不同动态 Copula 相依关系如图 9 - 3 所示，在汇率—进口相依结构中，Gumbel Copula 所对应的 AIC 信息准则的值是三种 Copula 模型中最小的值。因此，Gumbel Copula 相对于其他两种 Copula 模型的解释能力更强。从动态的 Gumbel Copula 图中我们可以看到，人民币汇率与云南对新加坡进口动态相依关系大多是在 0—1. 0 浮动，其中大部分时间是正的相依关系。而在 2006—2008 年我们可以看到明显的上升，可能受到了 2008 年金融危机的影响。此外在 2014 年出现了剧烈的上升。

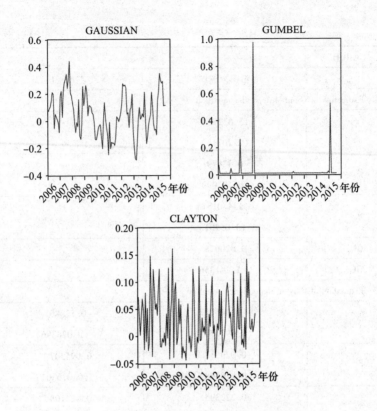

图 9-3　汇率与进口的动态 Copula 相依关系

在汇率—出口相依结构中（见图 9-4），Clayton Copula 所对应的 AIC 和信息准则的值是三种 Copula 模型中最小的值。相对于其他两种

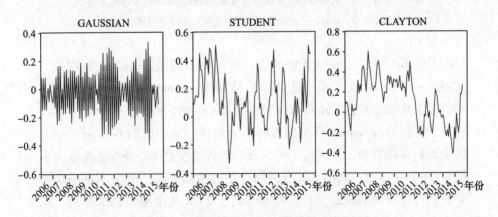

图 9-4　汇率与出口的动态 Copula 相依关系

Copula 模型 Clayton Copula 的解释能力更强。从动态的 Clayton Copula 图中我们可以看到，人民币汇率与云南对新加坡出口动态相依关系在 2006 年、2011—2014 年存在很强的负相依结构。但是在其他时间段都为正相依关系。

第四节　本章小结

静态 Copula 实证结果表明，人民币汇率与云南省对新加坡进出口贸易额之间的 Copula 相依关系成立，Clayton Copula 相对于其他五种 Copula 模型在汇率与进口相依关系中更合适、更准确，但是不显著。在 Gumbel Copula 和 Placket Copula 存在非常显著的正相依关系，而适用的 Clayton Copula 相依关系不显著但同样也存在正相依关系。说明人民币升值对于云南省对新加坡进口有一定的促进作用，人民币升值导致从新加坡进口原料的价格降低，云南省企业可以节约生产中的原材料成本，扩大利润空间。而在汇率与出口关系中，我们没有得到预计的结果（即随着人民币的升值，出口商品的价格上升，会使出口量下降），而在 Placket Copula 存在非常显著的正相依关系，适用的 Student – t Copula 相依关系不显著，但 Placket Copula 和 Student – t Copula 结果一致都是正相依关系。说明人民币升值对于云南省对新加坡出口有一定的促进作用，因此不排除可能会有 J 曲线效应的存在。

动态 Copula 实证结果表明，人民币汇率与云南省对新加坡进出口贸易额之间的动态 Copula 相依关系成立，通过比较 AIC 的取值，对于汇率来说 ARMA(1，0)—GARCH(1，1)是最合适的模型。而进口和出口最适合的模型分别是 ARMA(2，1)—GARCH(1，1) 和 ARMA(2，1)—GARCH(1，1)模型。结果说明进口和出口存在长期效应。汇率和云南对新加坡进出口的非对称参数 λ_i 都为正且显著。

通过 AIC 取值比较可以得出，在汇率—进口相依结构中，Gumbel Copula 相对于其他两种 Copula 模型的解释能力更强。而在汇率—出口相依结构中，相对于其他两种 Copula 模型 Clayton Copula 的解释能力更强。

从动态的 Gumbel Copula 图中我们可以看到人民币汇率与云南对新

加坡进口动态相依关系大多是在 0—1.0 浮动，与静态 Copula 结果相同，即存在正的相依关系。说明人民币升值对于云南省对新加坡进口有一定的促进作用。可能受到了 2008 年金融危机的影响，在 2006—2008年我们可以看到明显的上升。此外，在 2014 年同样出现了剧烈的上升，可能是受到 2014 年人民币兑美元汇率全年贬值 0.36% 的影响。

在汇率—出口相依结构中，相对于其他三种 Copula 模型 Clayton Copula 的解释能力更强。从动态的 Clayton Copula 图中我们可以看到，人民币汇率与云南对新加坡出口动态相依关系在 2006 年、2011—2014年存在很强的负相依结构。但是，在其他时间段都为正相依关系。因此大部分时间段和静态 Copula 的结果一致，存在正相依关系，即我们没有得到预计的结果（即随着人民币的升值，出口商品的价格上升，会使出口量下降）。

第十章　汇率波动对云南与马来西亚
进出口的影响研究

马来西亚是东南亚国家联盟的创始国之一，从 20 世纪 90 年代开始，经济发展迅速，是一个多元化的经济国家。近年来，我国与马来西亚的贸易交往频繁，据马来西亚海关统计："2016 年马来西亚对中国双边货物贸易额为 581.1 亿美元，中国仅次于新加坡为马来西亚第二大出口市场和第一大进口来源地。"[①]

另据马来西亚国际贸易和工业部发布的 2016 年贸易数据："马来西亚与中国的贸易额较上一年增长 4.4%，中国自 2009 年起连续第 8 年成为马来西亚最大的贸易伙伴国。"[②] 由图 1 - 3 和图 1 - 5 可以看出，据昆明海关统计，2015 年，马来西亚在云南对东盟十国的进口中排名第六，同时在云南对东盟十国出口中，马来西亚是云南的第四大出口国，分别占云南省对东盟十国进口总额的 0.44%，对东盟十国出口总额的 9.87%。

另据云南省商务厅统计数据显示："2016 年，云南省与马来西亚贸易额为 3.79 亿美元。其中，出口马来西亚的主要是新鲜水果、蔬菜，烟草和磷化工产品，进口自马来西亚的商品主要是锡矿。"[③] 近年来部分学者对云南省与马来西亚的进出口贸易做了重要研究。屠年松、李德焱（2010）发现，由于受金融危机的影响，2007 年及 2008 年，云南省与其他大部分贸易伙伴的贸易额都出现了大幅度下降，但云南省与马来西亚的贸易却出现了逆势而上的大幅上升。杨珂（2013）认为，云南水能资源比较丰富，电力可以大量输出到柬埔寨、老挝等电力供应不足

---

① 徐婷：《云南食品企业组团探路东南亚市场》，《昆明日报》2017 年 5 月 26 日。
② 雷丽娜：《中国连续 8 年成为马来西亚最大贸易伙伴》，新华社，2017 年 2 月 8 日。
③ 徐婷：《云南食品企业组团探路东南亚市场》，《昆明日报》2017 年 5 月 26 日。

的国家。而天然气、石油等匮乏资源则可以从马来西亚、印度尼西亚等
国进口。杨珂、张利军、李丽（2015）认为，云南省与东盟各国的农
产品贸易的特点不尽相同，如与马来西亚及印度尼西亚等国虽然有很大
的贸易额，但进出口的种类则完全不同，双方都基于资源禀赋差异开展
的贸易，充分发挥着各自的比较优势。李杰梅、杨扬、戢晓峰（2016）
研究发现，云南省与老挝、马来西亚的贸易潜力正在由"贸易不足"
向"贸易合理型"过渡。昆曼公路在推动云南省与老挝、马来西亚的
双边贸易中起到了积极作用。陈莺（2017）认为，应该尽快制订与国
际接轨的农产品出口质量标准体系。当前东盟部分成员国已经十分重视
标准化方面的建设性工作，如新加坡、马来西亚等国在农产品进口标准
方面目前已经采用了发达国家及地区的先进标准。

自2009年开始，我国一直都是马来西亚最大的进出口贸易伙伴。
如果人民币能够发展成为国际货币，马来西亚的投资商有望从中受惠。
2009年2月，马来西亚国家银行成为东盟国家中第一个与我国央行签
署货币互换协议的银行。此后开启了中马贸易与投资的"双赢"局
面。[1] 人民币国际化在促进中国与东盟地区的贸易和投资方面起到了积
极作用。2015年4月中国银行马来西亚吉隆坡人民币清算行的成立，
促进了马来西亚人民币直接贸易结算，企业可以通过规避汇率风险，从
而降低交易成本；在促进马来西亚经济发展、服务两国经贸往来中发挥
了重要作用。[2]

本章选取了2006年1月至2015年11月云南省对马来西亚进出口
额月度数据以及2006年1月至2015年11月人民币兑美元汇率月度数
据，共计119组数据。图10-1显示，据昆明海关统计，自2006年至
2015年，云南对马来西亚进口由758.0148万美元增加到2190.9636万
美元，增长了1.89倍，云南对马来西亚出口由3375.5176万美元增加
到81383.9944万美元，十年增长了23.1倍。马来西亚在云南对东盟十
国的出口中是增长速度最快的国家之一。

---

① 《马来西亚汇丰银行：人民币国际化马来西亚投资者受惠》，中华人民共和国商务部，
2016年7月28日。

② 《中国银行成立马来西亚人民币业务清算行》，中华人民共和国商务部，2015年4月
16日。

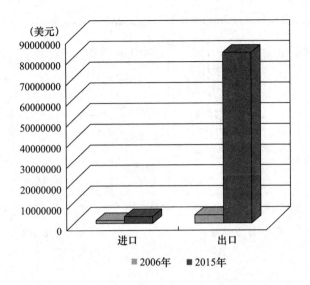

图 10 - 1　云南省对马来西亚十年进出口变化

资料来源：昆明海关。

　　由图 10 - 2 我们可以看到，在 2008 年金融危机后，云南对马来西亚的进出口有所上升，尤其是出口上升非常明显，但 2014 年后，云南对马来西亚进出口有一定的波动，而且有下滑的总趋势。本章用 $y_{1,t}$、$y_{2,t}$、$y_{3,t}$（t = 1，2，…，T）分别表示云南省对马来西亚进口额、出口额和人民币兑美元汇率月度数据序列，用 $r_{1,t}$、$r_{2,t}$、$r_{3,t}$ 分别表示云南省对马来西亚进口额、出口额和人民币兑美元汇率对数递增率，即 $r_{i,t} = \ln(y_{i,t}/y_{i,t-1})$，（i = 1，2，3）。

　　从云南省对马来西亚进口额、出口额和人民币兑美元汇率对数递增率描述性统计（见表 10 - 1）可以看出：从偏度和峰度来看，云南省对马来西亚的出口额和人民币兑美元汇率的偏度小于零，峰度大于 3，其分布呈现出"左偏，尖峰"的分布形态，云南省对马来西亚的进口和出口额的偏度大于零，峰度大于 3，其分布呈现出"右偏，尖峰"的分布形态，从 J—B 统计量表明，汇率对数递增率序列遵循正态分布的假设遭到拒绝，说明对数递增率序列不服从正态分布。

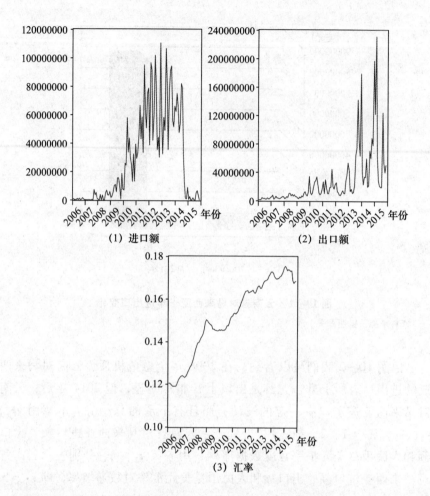

图 10 - 2　云南省对马来西亚进口额、出口额和人民币兑美元汇率月度数据

表 10 - 1　　云南省对马来西亚进口额、出口额和人民币兑美元
汇率对数递增率描述性统计

	进口	出口	汇率
均值	- 0. 014936	0. 031719	0. 002855
标准差	2. 287418	0. 572454	0. 006473
偏度	1. 296384	0. 009759	- 0. 600438
峰度	9. 834484	3. 530087	6. 148564
J—B 统计量	258. 2577	1. 383417	55. 83151

第一节 边缘分布的确定

本章采用 ADF 和 PP 检验对各对数递增率序列进行单位根检验，考察是否有"伪回归"现象出现，检验结果如表 10 - 2 所示。由表 10 - 2 可知，所有收益率序列 ADF 检验和 PP 检验统计量在 1% 的置信水平上都显著，表明各对数递增率序列是平稳的，可进行下一步实证分析。

表 10 - 2 　　　　　　　　　　各对数递增率单位根检验

	进口	出口	汇率
ADF	− 11. 04925 ***	− 7. 421843 ***	− 5. 931382 ***
PP	− 23. 45848 ***	− 29. 11724 ***	− 5. 831171 ***

注：∗∗∗表示在 1% 的置信水平上显著。

本章运用了 Kolmogorov – Smirnov（K—S）检验某一样本是否服从特定的边缘分布。利用 K—S 检验方法来检验概率积分变换后的序列是否服从（0，1）均匀分布。若没有充足的证据拒绝原假设，则可以推断对所研究的变量边缘分布的假设是正确的。

表 10 - 3 　　　　　　　　　　边缘分布的 K—S 检验

	汇率	进口	出口
K—S 检验	0. 9836	0. 983	0. 9816

根据表 10 - 3 中 K—S 检验的结果，检验统计量对应的概率值远大于检验的临界概率值 0. 10、0. 05 和 0. 01，没有充足的证据拒绝原假设，则可以推断云南省对马来西亚进口额、出口额和人民币兑美元汇率的边缘分布的假设是正确的。所以可以认为，云南省对马来西亚进口额、出口额和人民币兑美元汇率均服从由核密度估计得到的分布函数。

第二节 静态 Copula 模型

表 10-4 选择了六种具有代表性的 Copula 函数通过 R 软件来构建相应的二元 Copula 模型，从表 10-4 中可以看出在汇率与进口中，在 Gumbel 和 Placket Copula 存在非常显著的正相依关系（当 $\tau=1$ 时，表示 m 和 w 没有相依关系，当 $\tau \to 0$ 时，表示负的相依关系，当 $\tau \to \infty$ 时，表示正的相依关系），并分别超过了边界 0.045528 和 0.168756。但 Gumbel Copula 的 AIC 和 BIC 取值更小，说明 Gumbel Copula 相对于 Placket Copula 更准确。而在汇率与出口中，在 Placket Copula 存在非常显著的正相依性，并超过了边界 0.014557，说明 Placket Copula 存在一定正相依关系。我们通过 AIC 和 BIC 的取值比较可以得出，在汇率与进出口相依关系中，分别是 Gumbel Copula 和 Student-t Copula 所对应的 AIC 和 BIC 信息准则的值是六种 Copula 模型中最小的值。因此，Gumbel Copula 相对于其他五种 Copula 模型在汇率与进口相依关系中更合适、更准确。Student-t Copula 相对于其他四种 Copula 模型在汇率与出口相依关系中更合适，但 Student-t Copula 的结果不显著。

表 10-4　　　　　　　静态 Copula-GARCH 模型结果

	汇率—进口	汇率—出口
Gaussian Copula		
ρ	0.06478936	−0.000991157
	(0.09700755)	(0.08456509)
AIC	1.568854	1.999899
BIC	1.640736	2.071780
Student-t Copula		
ρ	0.05636803	0.0009852491
	(0.1129184)	(0.1053772)
AIC	3.141297	−1.832220
BIC	3.213179	−1.760338

续表

	汇率—进口	汇率—出口
Clayton Copula		
θ	0. 03092722 (0. 1195109)	0. 1293535 (0. 1171961)
AIC BIC	1. 938146 2. 010028	0. 590803 0. 662685
Gumbel Copula		
θ	1. 045528 *** (0. 06465708)	
AIC BIC	1. 431726 1. 503608	
Placket Copula		
τ	1. 168756 *** (0. 331415)	1. 014557 *** (0. 2651247)
AIC BIC	1. 679618 1. 751500	1. 997787 2. 069669
Frank Copula		
τ	0. 319114 (0. 5706452)	0. 02572175 (0. 5225725)
AIC BIC	1. 672770 1. 744651	1. 998031 2. 069913

注：(1) 表 10 - 4 表示 Copula 的参数估计值，括号内数据为标准差。

(2) ***、** 和 * 分别代表在 1%、5% 和 10% 的水平上显著。

(3) 汇率与出口中，Gumbel Copula 没有结果，说明 Gumbel Copula 不适用。

第三节　动态 Copula 模型

表 10 - 5 是 GARCH 模型估计结果，最适合的模型通过比较不同模型的 AIC 的取值进行筛选。通过比较，对于人民币汇率来说 ARMA(1，0)—GARCH(1，1) 是最合适的模型。而进口和出口最适合的模型分别

是 ARMA（0，1）—GARCH（1，1）和 ARMA（2，2）—GARCH（1，1）模型。云南对马来西亚进口的 α_i 显著，说明进口存在一定的短期效应；汇率和云南对马来西亚出口的系数 α_i 都不显著，而进口和出口的 β_i 系数均显著。结果说明进口和出口存在长期效应。汇率和云南对马来西亚进出口的条件方程的结果（$\hat{\alpha} + \hat{\beta}$）分别为 0.3602553、0.997435、0.999000。汇率和云南对马来西亚进出口的非对称参数 λ_i 都为正且显著。

表 10 - 5 　　　　　　　　　　GARCH 模型结果

	汇率	进口	出口
Z_1	0.002762 **	0.009956	0.020912 ***
	(0.001387)	(0.014757)	(0.005258)
ω_i	0.000017 ***	0.032447	0.001246
	(0.000006)	(0.02404)	(0.016697)
α_i	0.2231363	0.297713 ***	0
	(0.187282)	(0.097556)	(0.019154)
β_i	0.137119	0.699722 ***	0.999000 ***
	(0.237752)	(0.062194)	(0.015381)
η_i	6.430920 ***	7.797251	9.838215 ***
	(3.071727)	(5.77864)	(13.286412)
λ_i	0.750102 ***	0.508618 ***	1.720555 ***
	(0.140210)	(0.079244)	(0.259981)
Z_2	0.668917 ***		- 0.291766 ***
	(0.076997)		(0.134866)
Z_3			0.273524 ***
			(0.088541)
Z_4		- 0.755249 ***	- 0.248057 ***
		(0.043027)	(0.114928)
Z_5			- 0.761980 ***
			(0.121767)

注：（1）括号内数据为标准误差。

（2）当 $|t| > 1.64$、1.96、2.576 时，用 *、** 和 *** 分别表示在 10%、5% 和 1% 的水平上显著。

表10-6是不同的动态 Copula-GARCH 方程的参数估计结果，分别是 Gaussian 相依结构、Student-t 相依结构、Gumbel 相依结构和 Clayton 相依结构。在汇率—进口中，我们没有得到 Student-t 和 Gumbel 相依结构估计结果。而在汇率—出口中，没有得到 Gumbel 相依结构估计结果，说明这类 Copula 相依结构不适用。我们通过 AIC 的取值比较可以得出，在汇率—进口相依结构中，Gaussian Copula 所对应的 AIC 信息准则的值是两种 Copula 模型中最小的值，因此 Gaussian Copula 的解释能力更强。而在汇率—出口相依结构中，Clayton Copula 所对应的 AIC 信息准则的值是三种 Copula 模型中最小的值，相对于其他两种 Copula 模型 Clayton Copula 的解释能力更强。

表10-6 动态 Copula-GARCH 结果

Copula-GARCH		
	汇率—进口	汇率—出口
Panel A：Estimation of Gaussian dependence structure		
α_c	0.20556	0.32534 *
	(0.17049)	(0.17993)
β_c	-0.30860	-0.37682 *
	(0.42474)	(0.22529)
γ_c	-0.30631	-0.78211 ***
	(0.33067)	(0.33487)
ln(L)	0.7311779	2.131384
AIC	4.537644	1.737233
Panel B：Estimation of Student-t dependence structure		
α_c		0.10023
		(0.32905)
β_c		-0.58575 ***
		(0.27125)
γ_c		2.88302
		(2.02772)
n		5.02811 **
		(2.72878)

Copula – GARCH		
	汇率—进口	汇率—出口
ln(L)		2. 94526
AIC		2. 10948
Panel C：Estimation of Gumbel dependence structure		
α_c		
β_c		
γ_c		
ln(L)		
AIC		
Panel D：Estimation of Clayton dependence structure		
α_c	– 0. 10031	0. 00070 ***
	(0. 14895)	(0. 00005)
β_c	– 0. 33582	1. 06960 ***
	(0. 37766)	(0. 00547)
γ_c	1. 53192	1. 80120 ***
	(1. 29371)	(0. 13985)
ln(L)	0. 6062197	9. 073383
AIC	4. 787561	– 12. 14677

注：*、**和***分别表示在10%、5%和1%的水平上显著。

在汇率—进口相依结构中，Gaussian 相依结构特征参数 γ_c 非常显著，说明短期效应明显。而汇率—出口 Clayton 相依结构的回归系数 β_c 和 γ_c 显著，说明汇率—出口相依结构存在高度长期相依关系和一定的短期效应。

人民币汇率与云南对马来西亚进口的动态 Copula 相依关系如图 10 - 3 所示，在汇率—进口相依结构中，Gaussian Copula 所对应的 AIC 信息准则的值是两种 Copula 模型中最小的值。因此，Gaussian Copula 的解释能力更强。从动态的 Gaussian Copula 图中我们可以看到，人民币汇率与云南对马来西亚进口动态相依关系大多是在 – 0.1—0.20 浮动，其中大部分时间是正的相依关系。

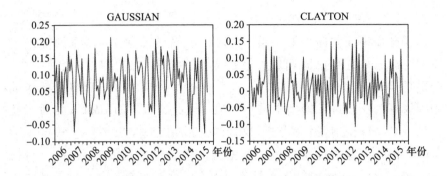

图 10 – 3　汇率与进口动态 Copula 相依关系

在汇率—出口相依结构中（见图 10 – 4），Clayton Copula 所对应的 AIC 和信息准则的值是三种 Copula 模型中最小的值。相对于其他三种 Copula 模型 Clayton Copula 的解释能力更强。从动态的 Clayton Copula 图中我们可以看到，人民币汇率与云南对马来西亚出口动态相依关系大多是在 – 0.4—0.4 浮动，其中大部分时间是负的相依关系。而在 2008—2009 年我们可以看到明显的下降，可能受到了 2008 年金融危机的影响。此外，在 2012 年和 2014 年出现了明显的负相关。

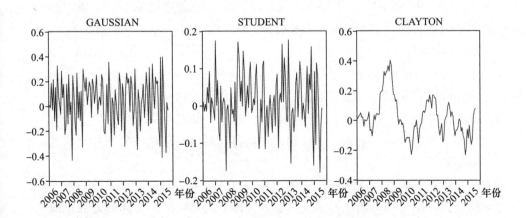

图 10 – 4　汇率与出口动态 Copula 相依关系

第四节 本章小结

静态 Copula 实证结果表明，人民币汇率与云南省对马来西亚进出口贸易额之间的 Copula 相依关系成立，在汇率与进出口相依关系中，分别是 Gumbel Copula 和 Student - t Copula 所对应的 AIC 和 BIC 信息准则的值是六种 Copula 模型中最小的值。因此，Gumbel Copula 相对于其他五种 Copula 模型在汇率与进口相依关系中更合适、更准确。Student - t Copula 相对于其他四种 Copula 模型在汇率与出口相依关系中更合适，但 Student - t Copula 的结果不显著。在人民币汇率与云南省对马来西亚进口贸易的相依关系中，在 Gumbel 和 Placket Copula 存在非常显著的正相依关系，说明随着人民币的升值，进口商品的价格下降，进口商品的低价会促使进口量增长。另外，在人民币汇率与云南省对马来西亚出口贸易的 Copula 相依关系中，最适合的 Student - t Copula 不显著，但在 Placket Copula 存在一定显著的正相依关系，这与最适合的 Student - t Copula 结果一致，即当人民币汇率升值时，云南省对马来西亚出口额同时也会大幅度上升。因此，不排除可能会有 J 曲线效应的存在。

动态 Copula 实证结果表明，人民币汇率与云南省对马来西亚进出口贸易额之间的动态 Copula 相依关系成立，通过比较 AIC 的取值，对于汇率来说 ARMA(1, 0)—GARCH(1, 1)是最合适的模型。而进口和出口最适合的模型分别是 ARMA(0, 1)—GARCH(1, 1)和 ARMA(2, 2)—GARCH(1, 1)模型。

通过 AIC 取值比较可以得出，在汇率—进口相依结构中，Gaussian Copula 的解释能力更强。而在汇率—出口相依结构中，相对于其他两种 Copula 模型 Clayton Copula 的解释能力更强。在汇率—进口相依结构存在高度短期效应，汇率—出口相依结构存在高度长期相依关系和一定的短期效应。

从动态的 Gaussian Copula 图中我们可以看到，人民币汇率与云南对马来西亚进口动态相依关系大多是在 -0.1—0.20 浮动，其中大部分时间是正的相依关系，即和静态 Copula 结果相同。说明随着人民币的升值，进口商品的价格下降，进口商品的低价会促使进口量增长。

　　在汇率—出口相依结构中，相对于其他两种 Copula 模型，Clayton Copula 的解释能力更强。从动态的 Clayton Copula 图中我们可以看到，人民币汇率与云南对马来西亚出口动态相依关系大部分时间为负相依关系，这与静态 Copula 模型结果刚好相反，但的确在动态 Clayton Copula 图中有部分的时间和静态 Copula 结果一致，存在一定的正相依关系。因此可以得出，大部分时间随着人民币的贬值，出口商品的价格下降，会使出口量上升。因此，可以排除有 J 曲线效应的存在。

第十一章 汇率波动对云南与印度尼西亚进出口的影响研究

印度尼西亚是东盟最大的国家，人口数量居世界第四，经济增长迅速，按照目前的发展趋势，有希望在2025年成为世界第十大经济体之一。据印度尼西亚中央统计局统计："2016年印度尼西亚与中国贸易总额457.83亿美元，同比增长7.76%，其中对中国出口150.97亿美元，同比增长13.85%，自中国进口306.86亿美元，同比增长5.0%。按出口额计算，中国为印度尼西亚第二大出口国，美国和日本分居第一和第三位。"[①]

云南省与印度尼西亚的贸易交往频繁，据云南省商务厅资料显示："2014年双边贸易额达到13亿美元，增长5.4%。云南省出口印度尼西亚的主要商品有：鲜花、蔬菜、水果、食品、咖啡、烟草等，进口的主要商品为：鱼、咖啡、棕榈液油、铁矿砂及精矿、铜矿砂及精矿等。印度尼西亚是穆斯林国家，对清真食品进口的需求较大，机电产品在印度尼西亚也有较好的发展空间。"[②] 另据昆明海关统计，如图1-3和图1-5显示，2015年，印度尼西亚在云南对东盟十国的进口中排名第七，在云南对东盟十国出口中，是云南的第五大出口贸易伙伴国，分别占云南省对东盟十国进口总额的0.10%，对东盟十国出口总额的9.49%。

近年来部分学者对云南省与印度尼西亚贸易进行了相关重要研究。屠年松、李德焱（2010）研究发现，云南省对东盟第二层次的四国（除菲律宾外），贸易已经出现明显的上升趋势，尤其是对马来

[①]《印度尼西亚2016年对外贸易及与中国贸易情况》，中华人民共和国商务部，2017年1月17日。

[②]《云南省商务厅关于赴斯里兰卡、新加坡和印度尼西亚开拓国际市场的通知》，云南商务之窗，2015年4月24日。

西亚和印度尼西亚（对印度尼西亚 2004—2007 年一直是逆差，到
2008 年才实现贸易的顺差）的贸易增长迅速，说明云南省出口商品
的科技含量正在提高，商品质量处于上升趋势。杨珂（2013）认为，
云南水能资源较为丰富，电力可以大量输出到柬埔寨、老挝等电力供
应不足的国家，而天然气、石油等匮乏的资源则可以从印度尼西亚、
马来西亚等国进口。熊彬、牛峰雅（2014）研究发现，云南出口与
泰国、印度尼西亚进口具有一定的互补性，而与其他国家互补性不
强，主要是和他国农产品的需求种类与程度不同有关。

　　杨珂、张利军、李丽（2015）研究发现，云南省与东盟各国农产
品贸易特点不尽相同，如与马来西亚、印度尼西亚等国虽有很大的贸易
额，但进出口种类则完全不同，双方都是基于资源禀赋差异开展的贸
易，充分发挥着各自的比较优势。杨珂、张利军（2015）研究发现，
云南对印度尼西亚、马来西亚等 GL 指数很高的国家而言，由于双方都
拥有彼此急需的农业资源（如烟草和棕榈油），这种产业内贸易的提高
则有利于满足各自的市场需求，因而首要任务是丰富贸易品种及开发市
场的潜力。2015 年印度尼西亚贸易部长汤姆－勒姆蓬表示："对东盟国
家来说，只要人民币有波动，东盟国家大概率都会跟着人民币波动，这
是由中国经济对东盟经济的影响力决定的。人民币未来还有贬值预期。
在这种背景下，如果东盟继续以美元作为结算货币，其汇率的风险敞口
将会很大。如果采用人民币结算，那么直接就不再存在对人民币的汇率
风险。"[1]

　　本章选取了 2006 年 1 月至 2015 年 11 月云南省对印度尼西亚进出
口额月度数据以及 2006 年 1 月至 2015 年 11 月人民币兑美元汇率月度
数据，共计 119 组数据。据昆明海关统计，自 2006 年至 2015 年，云南
对印度尼西亚进口由 13050.8076 万美元下滑到了 501.5285 万美元，仅
为 10 年前的 3.8%，云南对印度尼西亚出口由 1.0255 亿美元增加到了
7.8209 亿美元，10 年增长了 6.6 倍（见图 11－1）。

---

　　[1] 《印度尼西亚提出的"东盟贸易人民币化"，我们进行到了哪一步？》，南方财富网，
2016 年 7 月 26 日。

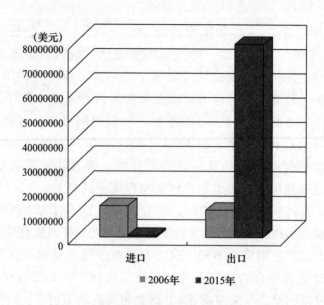

图 11 - 1　云南省对印度尼西亚十年进出口变化

资料来源：昆明海关。

　　由图 11 - 2 我们可以看到，在 2008 年金融危机后，云南对印度尼西亚进出口有所上升，特别是云南对印度尼西亚出口，虽然有很大的波动，但上升的总趋势比较明显。相较于出口来说，2010 年后，云南对印度尼西亚的进口波动很大，而且 2014 年后下滑非常严重，仅为十年前的 3.8%。本章用 $y_{1,t}$、$y_{2,t}$、$y_{3,t}$ （t = 1，2，…，T）分别表示云南省对印度尼西亚进口额、出口额和人民币兑美元汇率月度数据序列，用 $r_{1,t}$、$r_{2,t}$、$r_{3,t}$ 分别表示云南省对印度尼西亚进口额、出口额和人民币兑美元汇率对数递增率，即 $r_{i,t} = \ln(y_{i,t}/y_{i,t-1})$，（i = 1，2，3）。

　　从云南省对印度尼西亚进口额、出口额和人民币兑美元汇率对数递增率描述性统计（见表 11 - 1）可以看出：从偏度和峰度来看，云南省对印度尼西亚的进口额和人民币兑美元汇率的偏度小于零，峰度大于 3，其分布呈现出"左偏，尖峰"的分布形态，云南省对印度尼西亚的进口额的偏度小于零，峰度小于 3，其分布呈现出"左偏，内凹"的分布形态，从 J—B 统计量表明递增率序列遵循正态分布的假设遭到拒绝，说明递增率序列不服从正态分布。

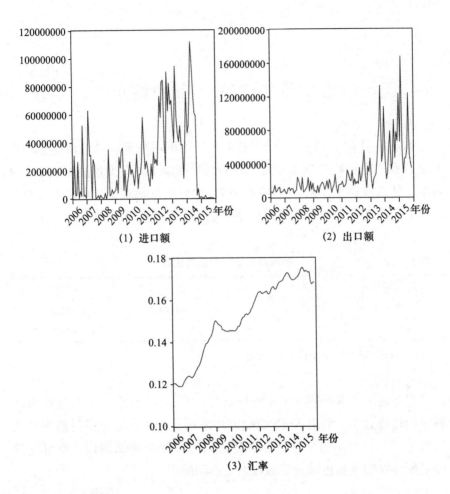

图 11 - 2　云南省对印度尼西亚进口额、出口额和人民币兑美元汇率月度数据

表 11 - 1　云南省对印度尼西亚进口额、出口额和人民币兑美元
汇率对数递增率描述性统计

	进口	出口	汇率
均值	- 0.018733	0.013749	0.002855
标准差	1.828559	0.600777	0.006473
偏度	- 0.438374	- 0.258085	- 0.600438
峰度	5.505955	2.150650	6.148564
J—B 统计量	34.65512	4.856813	55.83151

第一节　边缘分布的确定

本章采用 ADF 和 PP 检验对各对数递增率序列进行单位根检验，考察是否有"伪回归"现象出现，检验结果如表 11 - 2 所示。由表 11 - 2 可知，所有收益率序列 ADF 检验和 PP 检验统计量在 1% 的置信水平上都显著，表明各对数递增率序列是平稳的，可进行下一步实证分析。

表 11 - 2　　　　　　　　各对数递增率单位根检验

	进口	出口	汇率
ADF	- 15. 05593 ***	- 9. 381104 ***	- 5. 931382 ***
PP	- 16. 60247 ***	- 34. 19775 ***	- 5. 831171 ***

注：*** 表示在 1% 的置信水平上显著。

本章运用了 Kolmogorov - Smirnov（K—S）检验某一样本是否服从特定的边缘分布。利用 K—S 检验方法来检验概率积分变换后的序列是否服从（0，1）均匀分布。若没有充足的证据拒绝原假设，则可以推断对所研究的变量边缘分布的假设是正确的。

表 11 - 3　　　　　　　　边缘分布的 K—S 检验

	汇率	进口	出口
K—S 检验	0.9836	0.9424	0.983

根据表 11 - 3 中 K—S 检验的结果，检验统计量对应的概率值远大于检验的临界概率值 0. 10、0. 05 和 0. 01，没有充足的证据拒绝原假设，则可以推断云南省对印度尼西亚进口额、出口额和人民币兑美元汇率的边缘分布的假设是正确的。所以可以认为，云南省对印度尼西亚进口额、出口额和人民币兑美元汇率均服从由核密度估计得到的分布函数。

第二节　静态 Copula 模型

表 11 - 4 选择了六种具有代表性的 Copula 函数通过 R 软件来构建相应的二元 Copula 模型。从表中可以看出，在汇率与进口中，Gumbel Copula 和 Placket Copula 存在非常显著的正相依关系，但 Placket Copula 的 AIC 和 BIC 取值更小，说明 Placket Copula 相对于 Gumbel Copula 更准确，并超过了边界 0. 174223。然而在汇率与出口中，在 Gumbel Copula 和 Placket Copula 存在非常显著的正相依性，但同样是 Placket Copula 的 AIC 和 BIC 取值更小，说明 Placket Copula 相对于 Gumbel Copula 更准确，Placket Copula 超过了边界 0. 212602，说明 Placket Copula 存在正相依关系。我们通过 AIC 和 BIC 的取值比较可以得出，在汇率与进出口相依关系中，分别是 Frank Copula 和 Student - t Copula 所对应的 AIC 和 BIC 信息准则的值是六种 Copula 模型中最小的值。因此，Frank Copula 虽然不显著，但相对于其他五种 Copula 模型在汇率与进口相依关系中更合适、更准确。Placket Copula 相对于其他五种 Copula 模型在汇率与出口相依关系中更合适、更准确。

表 11 - 4　　　　　　静态 Copula - GARCH 模型结果

	汇率—进口	汇率—出口
Gaussian Copula		
ρ	0. 05259949 (0. 1065759)	0. 01100329 (0. 08549891)
AIC BIC	1. 721327 1. 793209	1. 987548 2. 05943
Student - t Copula		
ρ	0. 05613352 (0. 1198483)	0. 04760472 (0. 09947675)
AIC BIC	5. 76534 5. 837222	- 2. 00492 - 1. 93304
Clayton Copula		

续表

	汇率—进口	汇率—出口
θ	- 0. 02554171	0. 05020404
	(0. 1317032)	(0. 1006426)
AIC	1. 960306	1. 819493
BIC	2. 032188	1. 891375
Gumbel Copula		
θ	1. 026746 ***	1. 019148 ***
	(0. 06254636)	(0. 05966083)
AIC	1. 770988	1. 90862
BIC	1. 84287	1. 980502
Placket Copula		
τ	1. 174223 ***	1. 212602 ***
	(0. 3515257)	(0. 3080763)
AIC	1. 630817	1. 640352
BIC	1. 702699	1. 712234
Frank Copula		
τ	0. 3476674	0. 3244526
	(0. 5993683)	(0. 508238)
AIC	1. 60127	1. 696555
BIC	1. 673152	1. 768437

注：(1) 表 11 - 4 表示 Copula 的参数估计值，括号内数据为标准差。

(2) ***、** 和 * 分别代表在 1%、5% 和 10% 的显著性水平上显著。

第三节　动态 Copula 模型

表 11 - 5 是 GARCH 模型估计结果，最适合的模型通过比较不同模型的 AIC 的取值进行筛选。通过比较，对于人民币汇率来说 ARMA(1，0)—GARCH(1，1)是最合适的模型。而进口和出口最适合的模型分别是 ARMA(0，1)—GARCH(1，1) 和 ARMA(2，2)—GARCH(1，1)模型。汇率和云南对印度尼西亚进口的系数 α_i 都显著，而进口和出口的

β_i 系数均显著。结果说明进口存在一定的短期效应，而进口和出口存在长期效应。汇率和云南对印度尼西亚进出口的条件方程的结果（$\hat{\alpha}$ + $\hat{\beta}$）分别为 0.3602553、0.981209、0.998121。汇率和云南对印度尼西亚进出口的非对称参数 λ_i 都为正且显著。

表 11 - 5　　　　　　　　　　GARCH 模型结果

	汇率	进口	出口
Z_1	0.002762 **	0.003955	0.015028 ***
	(0.001387)	(0.028339)	(0.006218)
ω_i	0.000017 ***	0.036537	0.000593
	(0.000006)	(0.029934)	(0.007499)
α_i	0.2231363	0.144600 *	0.000164
	(0.187282)	(0.085816)	(0.008785)
β_i	0.137119	0.836609 ***	0.997957 ***
	(0.237752)	(0.061825)	(0.039316)
η_i	6.430920 ***	3.855188 ***	55.261376
	(3.071727)	(1.324505)	(149.818651)
λ_i	0.750102 ***	0.748215 ***	1.022691 ***
	(0.14021)	(0.100293)	(0.157336)
Z_2	0.668917 ***		-0.737931 ***
	(0.076997)		(0.003857)
Z_3		-0.636381 ***	0.033024 ***
		(0.058269)	(0.001906)
Z_4			0.180472 ***
			(0.040671)
Z_5			-0.963726 ***
			(0.042056)

注：（1）括号内数据为标准误差。
（2）当 $|t|>1.64$、1.96、2.576 时，用 *、** 和 *** 分别表示在 10%、5% 和 1% 的显著水平上显著。

表 11 - 6 是不同的动态 Copula - GARCH 方程的参数估计结果，分别是 Gaussian 相依结构、Student - t 相依结构、Gumbel 相依结构和 Clayton 相依结构。在汇率—进口中，没有得到 Student – t 和 Gumbel 相依结构估计结果，说明在汇率—进口中，这类 Copula 相依结构不适用。我们通过 AIC 的取值比较可以得出，在汇率—进口相依结构中，Clayton Copula 所对应的 AIC 信息准则的值是两种 Copula 模型中最小的值，因此，Clayton Copula 相对于另一种 Copula 模型的解释能力更强。而在汇率—出口相依结构中，没有得到 Clayton Copula 相依结构估计结果，说明在汇率—出口中这类 Copula 相依结构不适用。而 Gumbel 所对应的 AIC 和信息准则的值是三种 Copula 模型中最小的值。相对于其他两种 Copula 模型 Gumbel Copula 的解释能力更强。

表 11 – 6　　　　　　　　　动态 Copula – GARCH 结果

Copula – GARCH		
	汇率—进口	汇率—出口
Panel A：Estimation of Gaussian dependence structure		
α_c	0.25840	0.0542158
	(0.13638)	(0.1504381)
β_c	0.21428	– 0.0044932
	(0.23966)	(1.3534904)
γ_c	– 0.83685 ***	– 0.1187959
	(0.34317)	(0.3518786)
ln(L)	2.177418	0.07717007
AIC	1.645163	5.84566
Panel B：Estimation of Student – t dependence structure		
α_c		0.09779
		(0.19118)
β_c		0.11715
		(0.60366)
γ_c		2.17503
		(2.17410)
n		9.72841 ***
		(1.14295)
ln(L)		0.8117002
AIC		6.3766

续表

Copula – GARCH		
	汇率—进口	汇率—出口
Panel C：Estimation of Gumbel dependence structure		
α_c		0.549336 ***
		(0.277561)
β_c		1.317678 ***
		(0.094961)
γ_c		− 29.610965 ***
		(11.090805)
ln(L)		2.334634
AIC		1.330733
Panel D：Estimation of Clayton dependence structure		
α_c	− 0.037508	
	(0.064935)	
β_c	0.180425	
	(0.279901)	
γ_c	3.430063 ***	
	(1.109719)	
ln(L)	2.36488	
AIC	1.27024	

注：*、**和***分别表示在10%、5%和1%的水平上显著。

在汇率—进口的相依结构中，Clayton 相依结构的特征参数 γ_c 非常显著，说明短期效应明显。而在汇率—出口的相依结构中，Gumbel 相依结构的回归系数 γ_c 和 β_c 都显著，说明在汇率—出口的相依结构中，存在一定的短期效应和长期相依关系。

人民币汇率与云南对印度尼西亚进口的两种不同动态 Copula 相依关系如图 11 – 3 所示，在汇率—进口相依结构中，Clayton Copula 所对应的 AIC 信息准则的值是两种 Copula 模型中最小的值。因此，Clayton Copula 相对于 Gaussian Copula 模型的解释能力更强。从动态的 Clayton Copula 图中我们可以看到，人民币汇率与云南对印度尼西亚进口动态相依关系大多是在 − 0.3—0.4 浮动，其中一部分时间是正的相依关系。而 2008—2009 年我们可以看到非常明显的下降，可能是受到了 2008 年金融危机的影响。

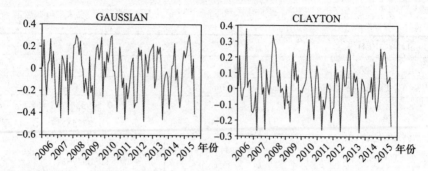

图 11 - 3 汇率与进口动态 Copula 相依关系

在汇率—出口相依结构中（见图 11 - 4），Gumbel Copula 所对应的 AIC 和信息准则的值是三种 Copula 模型中最小的值。相对于其他两种

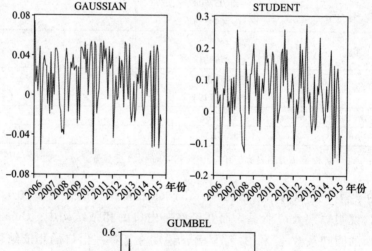

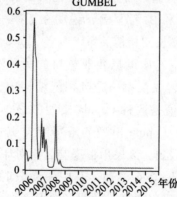

图 11 - 4 汇率与出口动态 Copula 相依关系

Copula 模型 Gumbel Copula 的解释能力更强。从动态的 Gumbel Copula 图中我们可以看到，人民币汇率与云南对印度尼西亚出口动态相依关系一直都为正相依关系，但 2009 年后相依关系很弱。

第四节　本章小结

静态 Copula 实证结果表明，人民币汇率与云南省对印度尼西亚进出口贸易额之间的 Copula 相依关系成立。在汇率与进出口相依关系中，分别是 Frank Copula 和 Student‒t Copula 所对应的 AIC 和 BIC 信息准则的值是六种 Copula 模型中最小的值。因此，Frank Copula 相对于其他五种 Copula 模型在汇率与进口相依关系中更合适、更准确。而 Student‒t Copula 相对于其他五种 Copula 模型在汇率与出口相依关系中更合适、更准确。在人民币汇率与云南省对印度尼西亚进口贸易的相依关系中，最适合的 Frank Copula 不显著，而在 Placket Copula 存在非常显著的正相依关系，这与最适合的 Frank Copula 结果一致。即随着人民币的升值，进口商品的价格下降，进口商品的低价会促使进口量增长。另外，在人民币汇率与云南省对印度尼西亚出口贸易的 Copula 相依关系中，在 Placket Copula 存在显著的正相依关系，即当人民币汇率升值时，云南省对印度尼西亚的出口额同时也会大幅度上升。因此不排除可能会有 J 曲线效应的存在。

动态 Copula 实证结果表明，人民币汇率与云南省对印度尼西亚进出口贸易额之间的动态 Copula 相依关系成立，通过比较 AIC 的取值，对于汇率来说 ARMA(1，0)—GARCH(1，1)是最合适的模型。而进口和出口最适合的模型分别是 ARMA(0，1)—GARCH(1，1)和 ARMA(2，2)—GARCH(1，1)模型。

通过 AIC 取值比较可以得出，在汇率—进口相依结构中，Clayton Copula 相对于另一种 Copula 模型的解释能力更强。Clayton 相依结构特征参数 γ_c 非常显著，说明短期效应明显。在汇率—出口相依结构中，相对于其他两种 Copula 模型 Gumbel Copula 的解释能力更强，而汇率—出口 Gumbel 相依结构的回归系数 γ_c 和 β_c 显著，说明汇率—出口相依结构存在一定的短期效应和长期相依关系。

从动态的 Clayton Copula 图中我们可以看到，人民币汇率与云南对印度尼西亚进口的动态相依关系大多是在 −0.3—0.4 浮动，其中一部分时间是正的相依关系，和静态 Copula 结果相同，即随着人民币的升值，进口商品的价格下降，进口商品的低价会促使进口量增长。而 2008—2009 年时间段我们可以看到明显的下降，可能受到了 2008 年金融危机的影响。

在汇率—出口相依结构中，相对于其他两种 Copula 模型 Gumbel Copula 的解释能力更强。从动态的 Gumbel Copula 图中我们可以看到，人民币汇率与云南对印度尼西亚出口动态相依关系一直都为正相依关系。与静态 Copula 模型结果相同，即当人民币汇率升值时，云南省对印度尼西亚出口额同时也会大幅度上升。但 2008 年后正相依关系很弱。

第十二章 汇率波动对云南与菲律宾
进出口的影响研究

自从菲律宾总统杜特尔特就职以来，中菲经贸合作成果丰硕，经贸合作不断推进。菲律宾统计署网站数据显示："2016 年，中国是菲律宾第二大贸易伙伴、第一大进口来源地和第四大出口市场，菲中贸易额仅比菲日贸易额低 0.12 亿美元。"① 从图 1-3 和图 1-5 可以看出，据昆明海关统计，2015 年，菲律宾在云南对东盟十国的进口中，排名倒数第三，在云南对东盟十国出口中的排名同样是倒数第三，仅占云南省对东盟十国进口总额的 0.08%，对东盟十国出口总额的 1.5%。

据云南省商务厅统计："2017 上半年云南与'一带一路'沿线国家进出口总额 62.2 亿美元，同比增长 7.8%。其中对菲律宾等沿线国家进出口增速较快，达 41.7%。这在一定程度上体现出了云南与周边国家合作的紧密，显示出云南对'一带一路'沿线国家市场的开拓力度。"② 近年来一些学者对云南省与菲律宾进出口贸易做了重要研究，熊彬、牛峰雅（2014）在研究云南省与菲律宾农产品的比较优势中发现菲律宾在食用水果及坚果上具有较强的比较优势。杨珂、张利军、李丽（2015）研究发现，菲律宾的烟草及其制品进口主要来自云南省；另外通过对 2004—2013 年云南省以及东盟各国的农产品 RCA 指数研究发现，菲律宾的竞争优势在近几年来有提升的趋势。2013 年 10 月，中国驻菲使馆经济商务参赞处发布消息称："人民币资金汇划系统启动标志着人民币成为菲律宾市场上继美元后第二种可实时清算的外国货币，将为菲律宾金融机构、贸易商、投资商提供高效率低成本的人民币结算

---

① 《中国超越日本：跃升为菲律宾第一大贸易伙伴》，新华社，2017 年 5 月 25 日。
② 《云南外贸在挑战中回稳向好》，中华人民共和国商务部，2017 年 9 月 13 日。

手段，同时有效规避汇率风险并获取较高外汇理财回报的方式。"①

本章选取了 2006 年 1 月至 2015 年 11 月云南省对菲律宾进出口额月度数据以及 2006 年 1 月至 2015 年 11 月人民币兑美元汇率月度数据。据昆明海关统计，由图 12－1 可以看出，自 2006—2015 年，云南对菲律宾进口由 215. 3175 万美元增加到了 379. 7547 万美元，10 年仅仅增长了 0. 7 倍，云南对菲律宾出口由 2925. 1533 万美元增加到了 12347. 7736 万美元，是 2006 年的 4. 2 倍。由于受到 2008 年金融危机影响，从图 12－2 可以看到，在 2008 年到 2009 年，云南省对菲律宾的出口有一个非常明显的下降，在 2008 年金融危机后，云南对菲律宾的进口和出口有所上升，尤其是出口上升非常明显。但 2012 年后，云南对菲律宾的进口有一定的波动，而且下滑趋势非常明显。由于云南与菲律宾进出口数据不同于其他东盟国进出口数据，从云南对菲律宾进口的月度数据，119 个月中有 30 多个月没有进口，因此，本章选择重点分析汇率对云南对菲律宾出口的相依关系。本章用 $y_{1,t}$、$y_{2,t}$（t = 1，2，…，T）分别表示云南省对菲律宾出口额和人民币兑美元汇率月度数

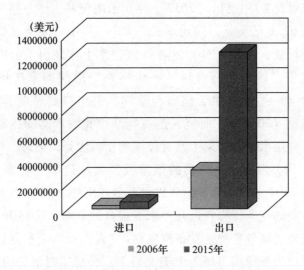

图 12－1 云南省对菲律宾十年进出口变化
资料来源：昆明海关。

---

① 张明：《人民币成菲律宾第二大实时清算货币》，中国新闻网，2013 年 10 月 23 日。

据序列，用 $r_{1,t}$、$r_{2,t}$ 分别表示云南省对菲律宾出口额和人民币兑美元汇率对数递增率，即 $r_{i,t} = \ln(y_{i,t}/y_{i,t-1})$，（$i = 1$，2）。

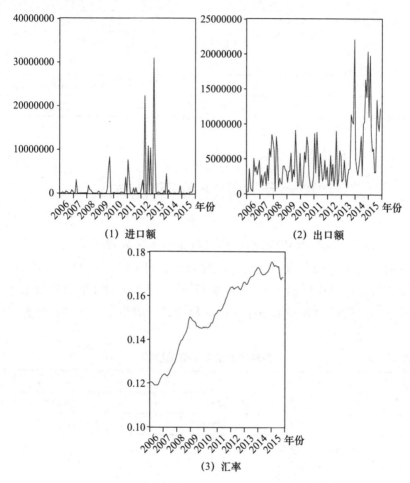

图 12 - 2　云南省对菲律宾进口额、出口额和人民币兑美元汇率月度数据

从云南省对菲律宾进口额、出口额和人民币兑美元汇率对数递增率描述性统计（见表 12 - 1）可以看出：从偏度和峰度来看，人民币兑美元汇率的偏度小于零，峰度大于3，其分布呈现出"左偏，尖峰"的分布形态，云南省对菲律宾的出口额的偏度大于零，峰度大于3，其分布呈现出"右偏，尖峰"的分布形态，从J—B统计量表明递增率序列遵循正态分布的假设遭到拒绝，说明递增率序列不服从正态分布。

表 12 - 1　　　　云南省对菲律宾出口额和人民币兑美元汇率
对数递增率描述性统计

	出口	汇率
均值	0.031687	0.002855
标准差	0.953218	0.006473
偏度	0.183591	− 0.600438
峰度	3.551638	6.148564
J—B 统计量	2.159044	55.83151

第一节　边缘分布的确定

本章采用 ADF 和 PP 检验对各对数递增率序列进行单位根检验，考察是否有"伪回归"现象出现，检验结果如表 12 - 2 所示。由表 12 - 2 可知，所有收益率序列 ADF 检验和 PP 检验统计量在 1% 的置信水平上都显著，表明各对数递增率序列是平稳的，可进行下一步实证分析。

表 12 - 2　　　　　　　　各对数递增率单位根检验

	出口	汇率
ADF	− 17.35297 ***	− 5.931382 ***
PP	− 29.34425 ***	− 5.831171 ***

注：***表示在 1% 的置信水平上显著。

本章运用了 Kolmogorov - Smirnov（K—S）检验某一样本是否服从特定的边缘分布。利用 K—S 检验方法来检验概率积分变换后的序列是否服从（0, 1）均匀分布。若没有充足的证据拒绝原假设，则可以推断对所研究的变量边缘分布的假设是正确的。

根据表 12 - 3 中 K—S 检验的结果，检验统计量对应的概率值远大于检验的临界概率值 0.10、0.05 和 0.01，表明没有充足的证据拒绝原假设，则可以推断云南省对菲律宾出口额和人民币兑美元汇率的边缘分布的假设是正确的。所以可以认为，云南省对菲律宾出口额和人民币兑美元汇率均服从由核密度估计得到的分布函数。

表 12 - 3　　　　　　　　边缘分布的 K—S 检验

	汇率	出口
K—S 检验	0. 9836	0. 983

第二节　静态 Copula 模型

表 12 - 4 选择了六种具有代表性的 Copula 函数通过 R 软件来构建相应的二元 Copula 模型，从表 12 - 4 中可以看出在汇率与出口中，只有在 Placket Copula 存在非常显著的正相依关系，并超过了边界 0. 343268。我们通过 AIC 和 BIC 的取值比较可以得出，在汇率与出口相依关系中，同样也是 Placket Copula 所对应的 AIC 和 BIC 信息准则的值是五种 Copula 模型中最小的值。因此，Placket Copula 相对于其他四种 Copula 模型在汇率与出口相依关系中更合适、更准确。

表 12 - 4　　　　　　　静态 Copula – GARCH 模型结果

	汇率—出口
Gaussian Copula	
ρ	0. 03202747 (0. 09435004)
AIC BIC	1. 89431 1. 966192
Student – t Copula	
ρ	0. 08623339 (0. 1108642)
AIC BIC	2. 42556 2. 497442
Clayton Copula	

续表

	汇率—出口
θ	0.09483614
	(0.11709)
AIC	1.463388
BIC	1.53527
Gumbel Copula	
θ	
AIC	
BIC	
Placket Copula	
τ	1.343268 ***
	(0.3678401)
AIC	0.93155
BIC	1.003432
Frank Copula	
τ	0.5786714
	(0.5429205)
AIC	0.954859
BIC	1.026741

注：（1）表 12 - 4 表示 Copula 的参数估计值，括号内数据为标准差。

（2） ***、** 和 * 分别代表在 1%、5% 和 10% 的显著性水平上显著。

（3）汇率与出口中，Gumbel Copula 没有结果，说明 Gumbel Copula 不适用。

第三节　动态 Copula 模型

表 12 - 5 是 GARCH 模型估计结果，最适合的模型通过比较不同模型的 AIC 的取值进行筛选。通过比较，对于人民币汇率来说 ARMA(1,0)—GARCH(1,1)是最合适的模型。而出口最合适的模型是 ARMA(2,2)—GARCH(1,1)模型。汇率和出口的系数的 α_i 不显著，而出口

的 β_i 系数显著，结果说明出口存在长期效应。汇率和云南对菲律宾出口的条件方程的结果（$\hat{\alpha} + \hat{\beta}$）分别为 0.3602553、0.998399。汇率和云南对菲律宾出口的非对称参数 λ_i 都为正且显著。

表 12 – 5　　　　　　　　　GARCH 模型结果

	汇率	出口
Z_1	0.002762 **	0.021153 ***
	(0.001387)	(0.002212)
ω_i	0.000017 ***	0.000241
	(0.000006)	(0.018923)
α_i	0.2231363	0.010594
	(0.187282)	(0.036019)
β_i	0.137119	0.987805 ***
	(0.237752)	(0.044134)
η_i	6.430920 ***	27.964675 ***
	(3.071727)	(24.964277)
λ_i	0.750102 ***	0.789057 ***
	(0.14021)	(0.13117)
Z_2	0.668917 ***	– 0.516849 ***
	(0.076997)	(0.006005)
Z_3		0.146589 ***
		(0.027282)
Z_4		– 0.326139 ***
		(0.066395)
Z_5		– 0.819171
		(0.070603)

注：（1）括号内数据为标准误差。

（2）当 $|t| > 1.64$、1.96、2.576 时，用符号 * 、** 和 *** 分别表示在 10%、5% 和 1% 的水平上显著。

表 12 – 6 是不同的动态 Copula – GARCH 方程的参数估计结果，分别是 Gaussian 相依结构、Student – t 相依结构、Gumbel 相依结构和 Clay-ton 相依结构。在汇率—出口相依结构中，Clayton Copula 所对应的 AIC

和信息准则的值是四种 Copula 模型中最小的值，说明相对于其他三种 Copula 模型 Clayton Copula 的解释能力更强。

在汇率—出口相依结构中，Clayton 相依结构的回归系数 β_c 接近 1 且显著，说明汇率—出口相依结构存在高度长期相依关系。在汇率—出口相依结构中 Clayton 相依关系中的特征参数 γ_c 非常显著，说明它同时存在一定短期效应。

表 12 – 6 　　　　　　　　动态 Copula – GARCH 结果

Copula – GARCH	
	汇率—出口
Panel A：Estimation of Gaussian dependence structure	
α_c	0. 301853 **
	(0. 146150)
β_c	– 0. 019297
	(0. 308695)
γ_c	– 0. 505258
	(0. 361571)
ln(L)	2. 304334
AIC	1. 391332
Panel B：Estimation of Student – t dependence structure	
α_c	0. 39503
	(0. 24036)
β_c	– 0. 19182
	(0. 24209)
γ_c	3. 62740 *
	(1. 98140)
n	29. 12700
ln(L)	3. 008199
AIC	1. 983603
Panel C：Estimation of Gumbel dependence structure	

续表

Copula – GARCH	
	汇率—出口
α_c	-3.59593 **
	(1.49258)
β_c	-0.19187
	(0.18481)
γ_c	15.13076 **
	(7.22450)
$\ln(L)$	3.825662
AIC	-1.651324
Panel D：Estimation of Clayton dependence structure	
α_c	0.0406155 ***
	(0.0005591)
β_c	1.0696454 ***
	(0.0014799)
γ_c	-2.5592227 ***
	(0.0112706)
$\ln(L)$	11.63899
AIC	-17.27799

注：*、**和***分别表示在10%、5%和1%的水平上显著。

人民币汇率与云南对菲律宾出口的四种不同动态 Copula 相依关系如图 12 - 3 所示，在汇率—出口相依结构中，Clayton Copula 所对应的 AIC 信息准则的值是四种 Copula 模型中最小的值。说明 Clayton Copula 相对于其他三种 Copula 模型的解释能力更强。从动态的 Clayton Copula 图中我们可以看到，人民币汇率与云南对菲律宾出口动态相依关系大多是在 -0.2—0.3 浮动，其中大部分时间是负的相依关系。而在 2008—2009 年时间段我们可以看到一个非常明显的下降，可能是受到了 2008 年金融危机的影响。此外，在 2014 年出现了剧烈的下降。

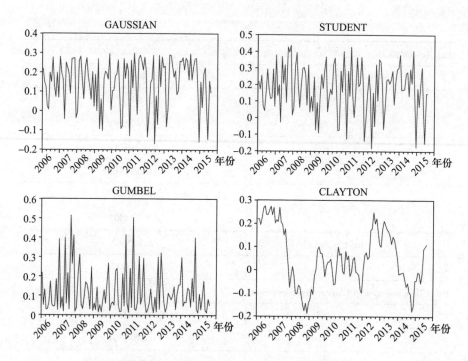

图 12 - 3 汇率与出口动态 Copula 相依关系

第四节 本章小结

　　静态 Copula 实证结果表明，人民币汇率与云南省对菲律宾出口贸易额之间的 Copula 相依关系成立，在汇率与出口相依关系中，Placket Copula 所对应的 AIC 和 BIC 信息准则的值是五种 Copula 模型中最小的值。因此，Placket Copula 相对于其他五种 Copula 模型在汇率与出口相依关系中更合适、更准确。从表 12 - 6 中可以看出，在汇率与出口中，Placket Copula 存在非常显著的正相依关系，即我们没有得到预计负相依关系结果（即随着人民币的贬值，出口商品的价格下降，出口商品的低价会促使出口量增长）。

　　动态 Copula 实证结果表明，人民币汇率与云南省对菲律宾出口贸易额之间的动态 Copula 相依关系成立，通过比较 AIC 的取值，对于汇率来说 ARMA（1，0）—GARCH（1，1）是最合适的模型。而出口最适合的模型是 ARMA（2，2）—GARCH（1，1）。

通过 AIC 取值比较可以得出，在汇率—出口相依结构中，相对于其他三种 Copula 模型 Clayton Copula 的解释能力更强。从动态的 Clayton Copula 图中我们可以看到，人民币汇率与云南对菲律宾出口动态相依关系大多是在 −0.2—0.3 浮动，其中大部分时间是负的相依关系，即随着人民币的升值，出口商品的价格上升，会使出口量下降。但在 2006—2007 年和 2012—2013 年时间段，为正相依关系，这与静态 Copula 结果的正相依结果一致。而在 2008—2009 年时间段我们可以看到一个非常明显的下降，可能是受到了 2008 年金融危机的影响。此外，在 2014 年出现了非常显著的负相依关系，可能是受到了 2014 年人民币兑美元汇率全年贬值 0.36% 的影响。美国经济复苏、美元走强是人民币汇率贬值的直接原因。而云南对菲律宾出口持续上升，从而导致 2014 年汇率与出口相依关系出现一个极度的负相依关系。

第十三章　汇率波动对云南与文莱进出口的
影响研究

据海关数据统计显示："2015年1至12月，中国与文莱双边贸易总额达15.09亿美元，较2014年同期下降22.1%。其中，中国自文莱进口0.97亿美元，同比下降48.8%；对文莱出口14.11亿美元，同比下降19.2%。从产品结构来看，中国自文莱进口的前5位产品有矿物燃料，有机化学品，木浆及其他纤维，仪器设备，石料及类似制品，同期，中国对文莱出口的前5位产品是家具，船舶及浮动结构体，陶瓷产品，钢铁制品，机械。"[1]

根据昆明海关统计，2015年，云南省与文莱贸易额为4399.3万美元，由图1-3和图1-5可以看出，2015年，云南对文莱的进口额很少。云南省对文莱的出口，在云南对东盟十国出口中排名第十，分别占云南省对东盟十国进口总额的0，对东盟十国出口总额的0.53%。

近年来，部分学者对云南省与文莱进出口贸易进行了相关的重要研究：屠年松、李德焱（2010）认为，云南省对文莱的贸易很少，这表明云南省在发展对外贸易方面还需要努力，只有尽量提高商品的科技含量及质量，对外贸易才可能获得稳定的发展。熊彬、牛峰雅（2014）认为，云南省与文莱的贸易互补指数在呈现不断下降的趋势，这说明文莱在云南省对东盟农产品出口市场中的重要性在逐渐下降。肖杨、刘秀玲（2014）研究发现，云南对新加坡、文莱这两个发达国家的贸易额很低，极度的发展失衡。杨珂、张利军（2015）认为，云南省与新加坡、文莱等经济较发达国家，以及柬埔寨等低收入国家之间的贸易表明：不必要刻意追求农产品产业内贸易的提高，产业间贸易更有利于双方优势的互补，应该努力做好市场细分、避免盲目扩张。

---

[1] 《2015年1—12月中国—文莱重点产品进出口趋势分析》，南博网，2016年4月6日。

　　根据2016年《文莱投资环境》分析："近年来，受美元持续贬值影响，文莱货币对西方主要货币的汇率呈稳定的上升态势。2008年、2010年和2012年，文莱元的汇率平均价分别是1美元兑换1.43文莱元、1.36文莱元和1.22文莱元。美元兑文莱元汇率从2008年底的1.43下滑至0.82左右，降幅超过43%。"① 2016年人民币汇率出现持续贬值，在汇率不稳定的情况下，云南的外贸企业与周边国家贸易活动的汇率风险加大。

　　本章选取了2006年1月至2015年11月云南省对文莱进出口额月度数据以及2006年1月至2015年11月人民币兑美元汇率月度数据，据昆明海关统计，由图13-1可以看出，自2006—2015年，云南对文莱进口一直都非常少，而云南对文莱出口由1.3634万美元增加到了4399.3052万美元，十年增长了3225.7倍。

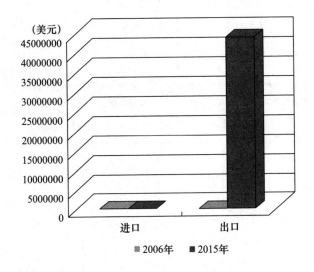

图13-1　云南省对文莱十年进出口变化

资料来源：昆明海关。

　　从图13-2中可以看到，在2008年金融危机后，云南对文莱出口有所上升，虽然一直有一定的波动，但出口增长得非常迅速，在云南对

---

① 《文莱投资环境》，南博网，2015年7月6日。

东盟十国的出口中，是增长速度最快的国家，发展潜力巨大。由于云南
与文莱进出口数据不同于其他东盟国进出口数据，从云南对文莱进口的
月度数据，119 个月中仅有 2 个月有进口，因此，本章选择重点分析汇
率对云南对文莱出口的相依关系。本章用 $y_{1,t}$、$y_{2,t}$（t = 1，2，…，T）
分别表示云南省对文莱出口额和人民币兑美元汇率月度数据序列，用
$r_{1,t}$、$r_{2,t}$ 分别表示云南省对文莱出口额和人民币兑美元汇率对数递增率，
即 $r_{i,t} = \ln(y_{i,t}/y_{i,t-1})$，（i = 1，2）。

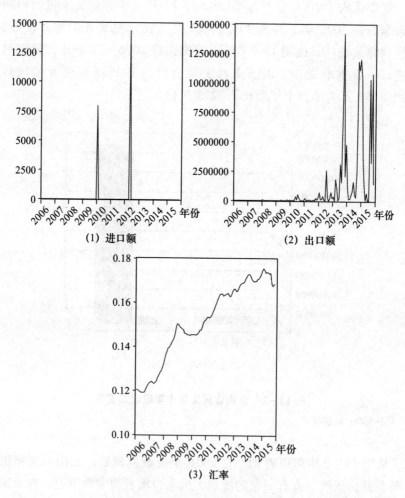

图 13 - 2　云南省对文莱进口额、出口额和人民币兑美元汇率月度数据

从云南省对文莱进口额、出口额和人民币兑美元汇率对数递增率描述性统计（见表13－1）可以看出：从偏度和峰度来看，云南省对文莱的出口额和人民币兑美元汇率的偏度小于零，峰度大于3，其分布呈现出"左偏，尖峰"的分布形态，云南省对文莱的出口额偏度大于零，峰度大于3，其分布呈现出"右偏，尖峰"的分布形态，从J—B统计量表明汇率对数递增率序列遵循正态分布的假设遭到拒绝，说明对数递增率序列不服从正态分布。

表13－1　　　云南省对文莱进口额、出口额和人民币兑美元
汇率对数递增率描述性统计

	出口	汇率
均值	0.069646	0.002855
标准差	1.920714	0.006473
偏度	0.590279	－ 0.600438
峰度	4.408071	6.148564
J—B 统计量	16.60054	55.83151

第一节　边缘分布的确定

本章采用 ADF 和 PP 检验对各对数递增率序列进行单位根检验，考察是否有"伪回归"现象出现，检验结果如表13－2所示。由表13－2可知，所有收益率序列 ADF 检验和 PP 检验统计量在1%的置信水平上都显著，表明各对数递增率序列是平稳的，可进行下一步实证分析。

表13－2　　　　　　　各对数递增率单位根检验

	出口	汇率
ADF	－ 6.486673 ***	－ 5.931382 ***
PP	－ 25.94392 ***	－ 5.831171 ***

注：*** 表示在1%的置信水平上显著。

本章运用了 Kolmogorov – Smirnov（K—S）检验某一样本是否服从特定的边缘分布。利用 K—S 检验方法来检验概率积分变换后的序列是否服从（0，1）均匀分布。若没有充足的证据拒绝原假设，则可以推断对所研究的变量边缘分布的假设是正确的。

表 13 – 3　　　　　　　　边缘分布的 K—S 检验

	汇率	出口
K—S 检验	0.9836	0.9828

根据表 13 – 3 中 K—S 检验的结果，检验统计量对应的概率值远大于检验的临界概率值 0.10、0.05 和 0.01，没有充足的证据拒绝原假设，则可以推断云南省对文莱出口额和人民币兑美元汇率的边缘分布的假设是正确的。所以可以认为，云南省对文莱出口额和人民币兑美元汇率均服从由核密度估计得到的分布函数。

第二节　静态 Copula 模型

表 13 – 4 选择了六种具有代表性的 Copula 函数通过 R 软件来构建相应的二元 Copula 模型，从表中可以看出在汇率与出口中，在 Placket Copula 和 Gumbel Copula 存在非常显著的正相依关系，并超过了边界 0.515919 和 0.098711。我们通过 AIC 和 BIC 的取值比较可以得出，在汇率与出口相依关系中，Student – t Copula 所对应的 AIC 和 BIC 信息准则的值是六种 Copula 模型中的最小值，但是 Student – t Copula 不显著。其次为 Gumbel Copula 的 AIC 和 BIC 信息准则最小，因此，Gumbel Copula 相对于其他五种 Copula 模型在汇率与出口相依关系中更合适、更准确。

表 13 – 4　　　　　　静态 Copula – GARCH 模型结果

	汇率—出口
Gaussian Copula	
ρ	0.08910722 (0.08090371)

续表

	汇率—出口
AIC	1. 177872
BIC	1. 249754
Student – t Copula	
ρ	0. 1296306
	（0. 1013079）
AIC	– 3. 11379
BIC	– 3. 04191
Clayton Copula	
θ	0. 08219942
	（0. 1087477）
AIC	1. 570788
BIC	1. 64267
Gumbel Copula	
θ	1. 098711 ***
	（0. 06950183）
AIC	– 1. 00718
BIC	– 0. 93529
Placket Copula	
τ	1. 515919 ***
	（0. 3955535）
AIC	0. 079896
BIC	0. 151778
Frank Copula	
τ	0. 7670455
	（0. 5260156）
AIC	0. 23011
BIC	0. 301992

注：（1）表 13 – 4 表示 Copula 的参数估计值，括号内数据为标准差。

（2）***、**和*分别代表在 1%、5% 和 10% 的水平上显著。

第三节　动态 Copula 模型

表 13 - 5 是 GARCH 模型估计结果，最适合的模型通过比较不同模型的 AIC 的取值进行筛选。通过比较，对于人民币汇率来说 ARMA(1, 0)—GARCH(1, 1)是最合适的模型。而出口最适合的模型是 ARMA(1, 1)—GARCH(1, 1)模型，汇率和出口的系数 α_i 不显著，但出口的 β_i 系数显著，说明出口存在长期效应。汇率和云南对文莱出口的条件方程的结果（$\hat{\alpha} + \hat{\beta}$）分别为 0.3602553、0.999000。汇率和云南对文莱出口的非对称参数 λ_i 都为正且显著。

表 13 - 5　　　　　　　　　　　GARCH 模型结果

	汇率	出口
Z_1	0.002762 ** (0.001387)	0.080886 *** (0.013318)
ω_i	0.000017 *** (0.000006)	0.060327 (0.185507)
α_i	0.2231363 (0.187282)	0.000000 (0.111339)
β_i	0.137119 (0.237752)	0.999000 *** (0.054257)
η_i	6.430920 *** (3.071727)	2.738196 *** (0.828470)
λ_i	0.750102 *** (0.140210)	0.748290 *** (0.125595)
Z_2	0.668917 *** (0.076997)	0.186033 ** (0.090017)
Z_3		
Z_4		- 1.000000 *** (0.038568)

注：（1）括号内数据为标准误差。
（2）当 $|t| > 1.64$、1.96、2.576 时，用 *、** 和 *** 分别表示在 10%、5% 和 1% 的水平上显著。

表 13 – 6 是不同的动态 Copula – GARCH 方程的参数估计结果，分别是 Gaussian 相依结构、Student – t 相依结构、Gumbel 相依结构和 Clayton 相依结构。在汇率—出口相依结构中，Clayton Copula 所对应的 AIC 和信息准则的值是四种 Copula 模型中最小的值，说明相对于其他三种 Copula 模型 Clayton Copula 的解释能力更强。

表 13 – 6　　　　　　　　　动态 Copula – GARCH 结果

Copula – GARCH	
	汇率—出口
Panel A：Estimation of Gaussian dependence structure	
α_c	0. 522847 ***
	(0. 147323)
β_c	– 0. 978355 ***
	(0. 019433)
γ_c	– 0. 447454 ***
	(0. 159873)
ln(L)	3. 9947
AIC	– 1. 9894
Panel B：Estimation of Student – t dependence structure	
α_c	0. 56922
	(0. 45925)
β_c	– 0. 36362
	(0. 61246)
γ_c	4. 42628
	(4. 88745)
n	29. 74545
ln(L)	2. 496077
AIC	3. 007846
Panel C：Estimation of Gumbel dependence structure	

续表

Copula – GARCH	
	汇率—出口
α_c	-4.110142 **
	(1.787332)
β_c	-0.955053 ***
	(0.072999)
γ_c	4.917954
	(5.218855)
$\ln(L)$	2.773148
AIC	0.4537039
Panel D：Estimation of Clayton dependence structure	
α_c	0.023957 **
	(0.010952)
β_c	0.992684 ***
	(0.016049)
γ_c	-2.028908 ***
	(0.602025)
$\ln(L)$	4.660528
AIC	-3.321056

注：*、**和***分别表示在10%、5%和1%的水平上显著。

在汇率—出口相依结构中，Clayton 相依结构的回归系数 β_c 都接近 1 且显著，说明汇率—出口相依结构存在高度长期相依关系。在汇率—出口相依结构中 Clayton 相依关系中的特征参数 γ_c 非常显著，说明它同时存在一定短期效应。

人民币汇率与云南对文莱出口的四种不同动态 Copula 相依关系如图 13 - 3 所示，在汇率—出口相依结构中，Clayton Copula 所对应的 AIC 信息准则的值是四种 Copula 模型中最小的值。说明 Clayton Copula 相对于其他三种 Copula 模型的解释能力更强。从动态的 Clayton Copula 图中

我们可以看到，人民币汇率与云南对文莱出口动态相依关系大多是在
-0.3—0.4 浮动，其中大部分时间是正的相依关系。而在 2013—2014
年时间段我们可以看到一个非常明显的下降。

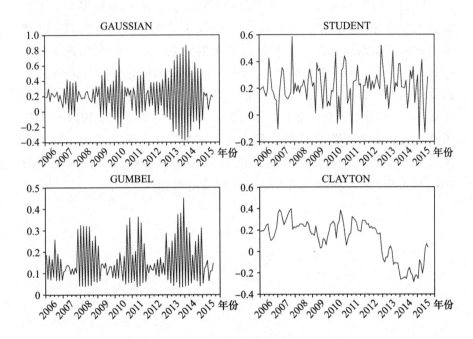

图 13 - 3　汇率与出口动态 Copula 相依关系

第四节　本章小结

　　静态 Copula 实证结果表明，人民币汇率与云南省对文莱出口贸易
额之间的 Copula 相依关系成立，在汇率与出口相依关系中，在 Placket
Copula 和 Gumbel Copula 存在非常显著的正相依关系。我们通过 AIC 和
BIC 的取值比较可以得出，Gumbel Copula 相对于其他五种 Copula 模型在
汇率与出口相依关系中更合适、更准确。
　　动态 Copula 实证结果表明，人民币汇率与云南省对文莱出口贸易
额之间的动态 Copula 相依关系成立，通过比较 AIC 的取值，对于汇率
来说 ARMA(1，0)—GARCH(1，1)是最合适的模型。而出口最适合的

模型是 ARMA(1，1)—GARCH(1，1)。通过 AIC 取值比较可以得出，在汇率—出口相依结构中，相对于其他三种 Copula 模型 Clayton Copula 的解释能力更强。

从动态的 Clayton Copula 图中我们可以看到，人民币汇率与云南对文莱出口动态相依关系大多是在 −0.3—0.4 浮动，其中从 2012—2015 年为负相依关系，大部分时间是正的相依关系，这与静态 Copula 结果一致。因此，我们没有得到预计的负相依关系的结果（即随着人民币的贬值，出口商品的价格下降，出口商品的低价会促使出口量增长）。在 2014 年出现了非常显著的负相依关系，可能同样是受到 2014 年人民币兑美元汇率全年贬值 0.36% 的影响，美国经济复苏、美元走强是人民币汇率贬值的直接原因。而云南对文莱出口持续上升，从而导致 2014 年汇率与出口相依关系出现一个极度的负相依关系。

第十四章　汇率对云南与 GMS 国家进出口影响的 GARCH – Vine Copula 模型研究

1992 年由亚洲开发银行倡导，以澜沧江—湄公河为天然纽带，中国（云南和广西两省）、柬埔寨、老挝、缅甸、泰国和越南 6 国共同构建了大湄公河次区域（GMS）。2014 年 12 月 20 日，李克强总理在出席 GMS 经济合作第五次领导人会议开幕式时提出："中国愿与各方携手努力，打造中国同次区域国家经济合作升级版。"① 云南省是中国直接参与大湄公河次区域经济合作中最早且最重要的省份之一，云南与 GMS 成员国进出口贸易的健康稳定发展，对中国和大湄公河次区域经济合作有着重要的作用。2015 年 3 月 28 日国家发展改革委、外交部、商务部联合发布的《推动共建丝绸之路经济带和 21 世纪海上丝绸之路的愿景与行动》一文中明确指出："要发挥云南区位优势，推进与周边国家的国际运输通道建设，打造大湄公河次区域经济合作新高地，建设成为面向南亚、东南亚的辐射中心。"② 从图 14 –1 和图 14 –2 中可以看出，据

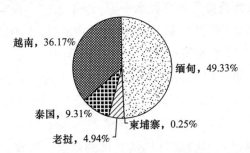

越南，36.17%　　缅甸，49.33%　　泰国，9.31%　　柬埔寨，0.25%　　老挝，4.94%

图 14 –1　2006 年云南对 GMS 五国进出口情况

① 《李克强在大湄公河次区域经济合作第五次领导人会议开幕式上的讲话》，新华网，2014 年 12 月 20 日。

② 《推动共建丝绸之路经济带和 21 世纪海上丝绸之路的愿景与行动》，中华人民共和国商务部，2015 年 3 月 30 日。

昆明海关统计，2006 年云南省对 GMS 五国进出口中，占比排名前三的国家是缅甸、越南、泰国，分别占云南省对 GMS 进出口总额的 49.33%、36.17% 和 9.31%。

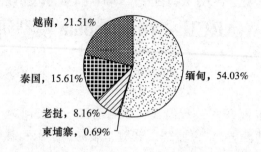

图 14 – 2 2015 年云南对 GMS 五国进出口情况

2015 年，在云南省对 GMS 五国进出口中，占比排名前三的国家基本没有变化，同样是缅甸、越南、泰国，分别占云南省对 GMS 进出口总额的 54.03%、21.51% 和 15.61%。十年来，缅甸一直都保持着云南的第一贸易伙伴国的地位，可见云南对缅甸的进口贸易在云南省与 GMS 五国中至关重要。

2016 年 3 月 23 日，李克强总理在出席澜沧江—湄公河合作首次领导人会议提出："中国将进一步扩大与湄公河国家贸易和投资本币结算，提高澜湄次区域贸易规模和水平。"近年来，一些学者对云南省与 GMS 五国贸易做出了重要研究。姚鹏、卢正惠（2011）研究指出，云南省与 GMS 五国贸易量很大，美元的结算使云南省出口企业货币兑换频繁起来，形成巨大的汇兑成本，因而削弱了云南省商品出口的竞争力。熊彬、褟巨能（2011）的研究指出，云南省对缅甸、泰国进口贸易的增长有很大的潜力。云南省对老挝、越南进口贸易的增长也具备一定的潜力。GMS 次区域区位优势显著，农业、矿产、土地资源等生物多样性资源丰富，在资源和市场方面互补性较强。所以，从 GMS 次区域进口的资源，如木材、矿产及天然橡胶等资源能够很好地弥补云南省对其资源的供给不足，为云南省相关产业的发展提供重要原材料。赵梅、袁静梅、谭淑娟（2012）指出，云南省对外贸易发展应该优先开拓市场，在巩固和拓展现有的大湄公河流域的国家市场基础上，努力开拓其他的国家市场，如亚洲、欧美、澳非市场。当然应该强调云南省省情的特殊性，不管是目前还是未来，仍然应该把大湄公河流域国家的对外贸易放在重要位置上。熊彬、牛峰雅（2013）研究指出，云南省对于缅甸、老挝、柬埔寨的农产品贸易属于传统资源禀赋开展的产业间贸易，而云南省与泰国、越南之间都存在一定的产业内贸易，而且产业内贸易比重逐年上升。张颖婕（2013）指出，伴随着人民币的持续升值，GMS 国家可能对中国及中国商品、中国企业出现抵制，无疑会给出口的中国中小企业带来经营风险。陈时勇、于洪羽（2015）指出，要发挥云南省的区位优势，推进与周边国家的国际运输通道的建设，打造大湄公河次区域经济合作的新高地，应该把云南省建设成为面向南亚、东南亚的辐射中心。檀怀玉（2015）指出，应该深化大湄公河次区域的合作深度。以大湄公河次区域合作为基础，发挥湄公河国际大通道独特的区位优势，深化与大湄公河区域国家之间的经贸往来，促进双边与多边贸易的发展。李丹、李跃波（2015）研究发现，大湄公河次区域经济发展水平还很低、发展水平差距还很大，并且产业结构还不合理、不协调，也是国际贸易最活跃的地区之一，存在很大的经济发展潜力。对比发现，云南省在大湄公河次区域中经济综合发展水平比较高，仅次于泰国。李晨阳（2015）发现，大湄公河次区域合作及孟中印缅经济走廊建设都已经逐渐进入了"一带一路"愿景目标，但目前看来，孟中印缅经济走廊的建设，近期难有实质性推进。应该说选择大湄公河次区域的经济合作作为突破口是明智之举。赵欢（2016）认为，云南省与 GMS 各国在电力、交通运输、电信、农业、旅游、贸易与投资环保等领域的效应明显。当前伴随着云南社会经济的发展，商贸会展业的地位及作用在边境贸易中日益明显。戴永红、曾凯（2017）指出，我国应充分重视一澜湄合作的机制，发挥云南、广西等省区作用，借助亚洲基础设施投资银行及云南省、广西壮族自治区沿边金融综合改革试验区等渠道，积极解决机制中存在的问题，努力使澜—湄合作机制发展成为我国对外次区域合作发展的典范。

第一节 汇率对云南与 GMS 国家进口影响的 GARCH – Vine Copula 模型研究

从图 14 - 3 和图 14 - 4 可以看出，据昆明海关统计，2006 年云南省对 GMS 五国进口中，占比排名前三的国家是缅甸、越南、老挝，分别占云南省对 GMS 五国进口总额的47%、37% 和 10%。2015 年，在云南省对 GMS 五国进口中，占比排名前三的国家基本没有变化，贸易引力模型中的地理距离作用越发凸显，排名前三的分别是缅甸、越南、老挝，均为云南省接壤的国家，分别占云南省对 GMS 五国进口总额的69%、16% 和 11%。特别是云南对缅甸的进口在云南省对 GMS 五国进口总额比重呈增长趋势，由 2006 年的47% 升至 2015 年的69%。2015 年，云南对缅甸的出口占云南对 GMS 五国进口总额比重的近2/3，可见云南对缅甸的进口贸易在云南省对 GMS 五国的进口中起到了举足轻重的作用。

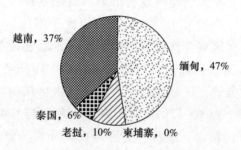

图 14 - 3 2006 年云南对 GMS 五国进口情况

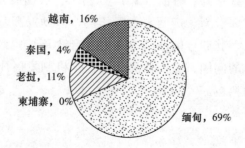

图 14 - 4 2015 年云南对 GMS 五国进口情况

由图 14 - 5 可以看出，自 2006 年至 2015 年，10 年来云南对 GMS
五国的进口（除柬埔寨外）都有了显著的增加，特别是缅甸和老挝，
分别由 2006 年的 17095.0855 万美元和 3463.0816 万美元，增加到了
2015 年的 333969.0373 万美元和 56442.8111 万美元，比 10 年前增加
了 18 倍和 15 倍。

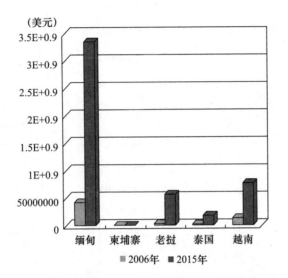

图 14 - 5　云南对 GMS 五国的进口十年变化

资料来源：昆明海关。

Yuan 和 Tang（2016）选取了 2006 年 1 月至 2015 年 11 月，云南对
GMS 主要四国（越南、缅甸、泰国、老挝）进口额月度数据以及 2006
年 1 月至 2015 年 11 月人民币兑美元汇率月度数据，对人民币汇率波动
对云南与 GMS 国家进口的影响进行了实证研究。

GMS 国剔除柬埔寨进口额主要是由于云南对柬埔寨进口数据不同
于 GMS 其他四国进口数据，在云南对柬埔寨进口的月度数据中，十年
的数据中只有十多个月有进口，因此，本节选择重点分析汇率和云南对
GMS 主要四国（越南、缅甸、泰国、老挝）进口的相依关系，共计 119
组数据。由图 14 - 6 可以看出，自 2006 年至 2015 年，汇率和云南对
GMS 主要四国（越南、缅甸、泰国、老挝）进口额虽然有很大的波动，
但有一个明显上升的总趋势，值得注意的是，受到 2008 年金融危机影
响，云南省对泰国和越南进口下降非常明显。我们可以看到在首届中国

—南亚博览会与第21届中国昆明进出口商品交易会（2013年）后，云南对GMS主要四国（越南、缅甸、泰国、老挝）进口额有一个明显的上

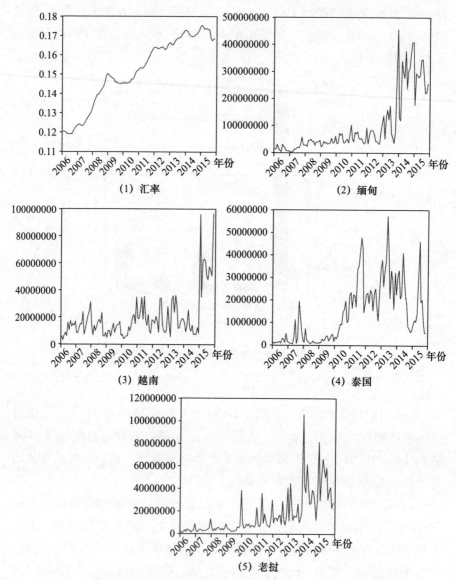

图14-6 云南对GMS主要四国进口额和人民币兑美元汇率月度数据

资料来源：Yuan X. and Tang J., "Dependence Evaluation on the Impact of Exchange Rate's Volatility on Yunnan's Import from Four GMS Countries: A GARCH - Vine Copula Model Approach", *International Journal of Intelligent Technologies and Applied Statistics*, Vol. 9, No. 4, 2016。

升，但其中云南对泰国和老挝在 2014 年和 2015 年有一个明显的下降，可能是受到了泰国两次大的政治局势动荡的严重影响。本节用 $y_{1,t}$、$y_{2,t}$、$y_{3,t}$、$y_{4,t}$、$y_{5,t}$（t = 1，2，…，T）分别表示人民币兑美元汇率和云南对 GMS 主要四国进口额月度数据序列，用 $r_{1,t}$、$r_{2,t}$、$r_{3,t}$、$r_{4,t}$、$r_{5,t}$ 分别表示人民币兑美元汇率和云南对 GMS 主要四国进口额的对数递增率，即 $r_{i,t} = \ln(y_{i,t}/y_{i,t-1})$，（i = 1，2，3，4，5）。

从云南对 GMS 主要四国进口额和人民币兑美元汇率对数递增率描述性统计（见表 14 - 1）可以看出：从偏度和峰度来看，人民币兑美元汇率，云南对泰国进口额的偏度小于零，峰度大于 3，其分布呈现出"左偏，尖峰"的分布形态，云南对缅甸、越南进口额的偏度大于零，峰度大于 3，其分布呈现出"右偏，尖峰"的分布形态，云南对老挝进口额的偏度大于零，峰度小于 3，其分布呈现出"右偏，内凹"的分布形态。

表 14 -1   云南对 GMS 主要四国进口额和人民币兑美元
汇率对数递增率描述性统计

	汇率	缅甸	越南	泰国	老挝
Mean	0.002855	0.025016	0.023491	0.012724	0.021005
Std. Dev.	0.006473	0.520568	0.576022	0.638315	0.662144
Skewness	-0.600443	0.585095	0.624924	-0.034005	0.127405
Kurtosis	6.150378	5.275784	5.270234	5.588042	2.853456

资料来源：Yuan X. and Tang J., "Dependence Evaluation on the Impact of Exchange Rate's Volatility on Yunnan's Import from Four GMS Countries: A GARCH - Vine Copula Model Approach", *International Journal of Intelligent Technologies and Applied Statistics*, Vol. 9, No. 4, 2016。

一　边缘分布的确定

本节采用 ADF 检验对各对数递增率序列进行单位根检验，考察是否有"伪回归"现象出现，检验结果如表 14 - 2 所示。由表 14 - 2 可知，所有收益率序列 ADF 检验统计量在 1% 的置信水平上都显著，表明各对数递增率序列是平稳的，可进行下一步实证分析。

表 14 -2   各对数递增率单位根检验

Variables	ADF Level	Log of First Difference
汇率	-1.356102	-5.931382 **

续表

Variables	ADF Level	Log of First Difference
缅甸	−2.819448	−8.814499 **
越南	−2.653172	−11.54879 **
泰国	−4.002717 *	−11.09018 **
老挝	−1.064012	−9.977958 **

注：*和**分别代表在5%和1%的水平上显著。

资料来源：Yuan X. and Tang J.，"Dependence Evaluation on the Impact of Exchange Rate's Volatility on Yunnan's Import from Four GMS Countries：A GARCH − Vine Copula Model Approach"，*International Journal of Intelligent Technologies and Applied Statistics*，Vol. 9，No. 4，2016。

表 14 − 3 是 Skewed − Residuals 的 AR（1）− GARCH（1，1）模型（Hansen 方程）的结果，选择 Skewed − t 分布是因为汇率和泰国进口额的 Skewness 统计量小于零。同时，四个序列的 Kurtosis 统计量大于 3。说明五个序列可能有"厚尾"或"尖峰"的特征。汇率和云南对 GMS 主要四国进口额的条件方程的结果（$\hat{\alpha} + \hat{\beta}$）分别为 0.3843、0.8208、0.9955、0.8587、0.9121。其中，云南对泰国进口的 α_i 显著，自回归系数 β_i 在云南对 GMS 主要四国进口额都显著。结果说明云南对泰国进口有一定的短期效应，而云南对 GMS 主要四国进口有长期持续性。

表 14 −3　　　　　GARCH 模型结果

	汇率	缅甸	越南	泰国	老挝
Z_1	0.0146 ** (0.007)	0.0184 (0.040)	0.0123 (0.046)	0.0243 (0.047)	0.0268 (0.060)
Z_2	0.5000 *** (0.132)	−0.2317 ** (0.108)	−0.3393 *** (0.091)	−0.2174 ** (0.100)	−0.3624 *** (0.099)
ω_i	0.0016 (0.001)	0.0460 (0.044)	0.0017 (0.002)	0.0466 (0.038)	0.0318 (0.084)
α_i	0.0554 (0.176)	0.2442 (0.188)	0.0000 (0.0000)	0.1768 * (0.100)	0.0000 (0.008)
β_i	0.3289 (0.500)	0.5766 ** (0.290)	0.9955 *** (0.006)	0.6819 *** (0.187)	0.9121 *** (0.240)

续表

	汇率	缅甸	越南	泰国	老挝
η_i	6. 0244 *	10. 3824	5. 6522 *	17. 6421	99. 998 ***
	(3. 353)	(12. 931)	(3. 158)	(26. 624)	(0. 601)
λ_i	- 0. 1520	0. 0654	- 0. 1596	0. 0040	0. 2008 **
	(0. 281)	(0. 116)	(0. 175)	(0. 155)	(0. 098)
AIC	- 366. 4657	173. 9407	194. 5435	207. 6771	232. 6528
BIC	- 347. 0709	193. 3355	213. 9383	227. 0719	252. 0476
ln(L)	190. 233	- 79. 970	- 90. 272	- 96. 839	- 109. 326

注：（1）括号内数据为标准误差。

（2）当 $|t| > 1.64$、1.96、2.576 时，用 *、**、*** 分别表示在 10%、5% 和 1% 的水平上显著。

资料来源：Yuan X. and Tang J.，"Dependence Evaluation on the Impact of Exchange Rate's Volatility on Yunnan's Import from Four GMS Countries: A GARCH – Vine Copula Model Approach"，*International Journal of Intelligent Technologies and Applied Statistics*，Vol. 9，No. 4，2016。

二 藤结构 Copula（Vine Copula）模型

表 14 - 4 是藤结构 Copula（Vine Copula）模型结果，在 C 藤结构 Copula 模型中，Student – t Copula 模型的自由度在 C_{12}、C_{14}、C_{15}、$C_{23|1}$、$C_{24|1}$、$C_{25|1}$、$C_{34|12}$、$C_{35|12}$ 和 $C_{45|123}$ 显著，其中 $C_{35|12}$ 有最小的自由度，说明汇率和云南对缅甸进口发生变化时可能会导致云南对越南和老挝进口额出现极值。在 Clayton Copula 中，我们发现 $C_{25|1}$ 非常显著，因此说明汇率变化时会对云南对缅甸和老挝进口额产生显著影响。我们同时发现 $C_{34|12}$、$C_{35|12}$ 显著。因此汇率与云南对缅甸进口发生变化时，可能分别会对云南对越南和泰国进口，云南对越南和老挝进口产生显著影响。

表 14 - 4　　　　　C – vine 和 D – vine Copula 结果

	C – vine			D – vine	
	Student – t	Clayton		Student – t	Clayton
C_{12}	199. 02 ***	0. 0505	C_{12}	197. 43 ***	0. 0581
	(0. 719)	0. 040		(1. 647)	0. 044

续表

	C – vine			D – vine	
	Student – t	Clayton		Student – t	Clayton
C_{13}	7.0834 (5.774)	0.0000 0.001	C_{23}	4.39 * (2.526)	0.0902 0.071
C_{14}	199.93 *** (0.082)	0.0000 0.000	C_{34}	198.10 *** (0.805)	0.1086 ** 0.043
C_{15}	199.84 *** (0.054)	0.000 0.000	C_{45}	195.07 *** (9.097)	0.0000 0.0000
$C_{23\mid1}$	4.32 * (2.421)	0.0970 0.065	$C_{13\mid2}$	9.40 *** (0.37)	0.0000 0.0000
$C_{24\mid1}$	198.04 *** (2.843)	0.0001 0.003	$C_{24\mid3}$	62.27 (426.11)	0.0000 0.0000
$C_{25\mid1}$	199.93 *** (0.024)	0.1474 *** 0.051	$C_{35\mid4}$	4.04 * (2.14)	0.1941 *** 0.056
$C_{34\mid12}$	199.26 *** (0.649)	0.1269 *** 0.048	$C_{14\mid23}$	199.04 *** (0.45)	0.0000 0.000
$C_{35\mid12}$	3.29 ** (1.454)	0.1628 *** 0.058	$C_{25\mid34}$	199.62 *** (0.23)	0.1210 ** 0.055
$C_{45\mid123}$	199.84 *** (0.060)	0.0000 0.001	$C_{15\mid234}$	197.29 *** (3.86)	0.0000 0.0000
AIC	– 25.5967	– 6.2835	AIC	– 21.5096	– 6.5708
BIC	2.1102	21.4233	BIC	6.1973	21.1361
ln(L)	22.798	13.142	ln(L)	20.755	13.285

注:(1)$C_{i\mid j}$ 表示藤结构 Copula 的系数。括号内数据为标准误差。

(2)"0" 表示系数小于 0.0001。

(3)当 $|t| > 1.64$、1.96、2.576 时,用 *、* *、* * * 分别表示在 10%、5% 和 1% 的水平上显著。

(4)以上缩写表示:C_1 = 汇率,C_2 = 缅甸,C_3 = 越南,C_4 = 泰国,C_5 = 老挝。

资料来源:Yuan X. and Tang J.,"Dependence Evaluation on the Impact of Exchange Rate's Volatility on Yunnan's Import from Four GMS Countries: A GARCH – Vine Copula Model Approach",*International Journal of Intelligent Technologies and Applied Statistics*,Vol. 9,No. 4,2016。

在 D 藤结构 Copula 模型中,我们发现 Student – t Copula 模型中除了

$C_{24|3}$，所有系数都非常显著。其中，C_{23} 和 $C_{35|4}$ 有最小的自由度，说明云南对缅甸进口发生变化时可能会导致云南对越南进口额出现极值；云南对泰国进口发生变化时，云南对越南和老挝的进口可能会出现极值。最后，在 Clayton Copula 模型中，我们发现云南对越南的进口与云南对泰国的进口呈现非常显著的相依性（C_{34} 显著）。同时我们发现，在 $C_{35|4}$、$C_{25|34}$ 存在非常显著的相关性。说明云南对泰国、越南、老挝；云南对泰国、越南、缅甸、老挝进口之间存在显著的相关性。此外，我们发现 Student – t Copula 模型的 AIC 值要小于 Clayton Copula 模型，说明 Student – t 的解释性要比 Clayton Dependence 强。

三　小结

本书运用 GARCH – Vine Copula 模型分析了汇率的波动性对于云南对主要 GMS 国家进口的影响。在 AR（1）– GARCH（1，1）结果中我们发现云南对泰国进口的 α_i 显著，自回归系数 β_i 在云南对 GMS 主要四国进口额都显著。结果说明，云南对泰国进口有短期效应，而云南对 GMS 主要四国进口有长期效应。

在 C 藤结构 Copula 模型中，Student – t Copula 模型的自由度除了 C_{13}，所有系数都显著，其中 $C_{35|12}$ 有最小的自由度，说明汇率和云南对缅甸进口发生变化时可能会导致云南对越南和老挝进口额出现极值。在 Clayton Copula 中，可以看出汇率变化时会对云南对缅甸和老挝进口额产生显著影响。同时可以发现 $C_{34|12}$、$C_{35|12}$ 显著。因此，汇率与云南对缅甸进口发生变化时，可能分别会对云南对越南和泰国进口，云南对越南和老挝进口产生显著影响。根据上述结果，可以得出，伴随着人民币汇率的贬值和云南对于缅甸进口额的下降，云南对于其他 GMS 国家的进口也同时会下降。缅甸是云南在 GMS 国家中进口额最高的国家。伴随着缅甸的一体化和开放程度以及在经济发展上的增速，汇率的持续波动将会剧烈影响云南对缅甸和其他 GMS 国家的进口。

在 D 藤结构 Copula 模型中，我们发现 Student – t Copula 模型中除了 $C_{24|3}$，所有系数都非常显著。我们发现云南对缅甸进口发生变化时可能会导致云南对越南进口额出现极值；云南对泰国进口发生变化时，云南对越南和老挝的进口额可能会出现极值。最后，我们在 Clayton Copula 模型中发现，云南对越南的进口与云南对泰国的进口出现非常显著的相依性。Student – t Copula 模型的 AIC 值要小于 Clayton Copula 模型，说

明 Student – t 的解释性要比 Clayton Dependence 强。GMS 各国有着非常相近的出口结构和相近的宏观经济环境，当人民币发生贬值，云南对缅甸的进口下降时，会导致云南对其他 GMS 国家进口的大幅度下降。

总的来说，GMS 国家的一体化将会带给云南对 GMS 国家进口量的显著上升，促进云南与 GMS 国家贸易的发展。但是在今后的发展中，人民币汇率波动将对云南与 GMS 国家进口贸易产生持续的影响。

第二节 汇率对云南与 GMS 国家出口影响的 GARCH – Vine Copula 模型研究

从图 14 – 7 和图 14 – 8 可以看出，根据昆明海关统计，2006 年云南省对 GMS 五国出口中，占比排名前三的国家是缅甸、越南、泰国，分别占云南省对 GMS 五国出口总额的 50%、36% 和 11%。2015 年，在云南省对 GMS 出口中，占比排名前三的国家同样是缅甸、越南、泰国，分别占云南省对 GMS 五国出口总额的 42%、26% 和 25%。特别是云南对泰国的出口在云南省对 GMS 五国出口总额比重呈增长趋势，由 2006 年的 11% 升至 2015 年的 25%，仅和排名第二的越南相差 1 个百分点。

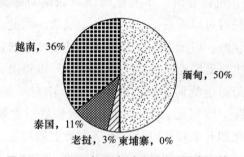

图 14 – 7　2006 年云南对 GMS 五国出口情况

由图 14 – 9 可以看出，十年来云南对 GMS 五国出口全部都有了明显的增加，特别是云南对泰国和老挝的出口，分别由 2006 年的 10919.2769 万美元和 3468.7967 万美元，增加到了 2015 年的 149911.9898 万美元和 31780.3101 万美元，比 10 年前分别增加了 12 倍和 8 倍。

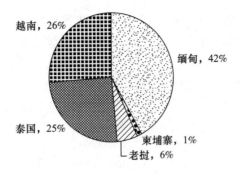

图 14 - 8　2015 年云南对 GMS 五国出口情况

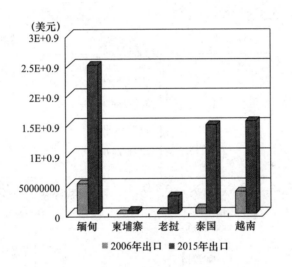

图 14 - 9　云南对 GMS 五国出口十年变化

资料来源：昆明海关。

　　Yuan 和 Tang（2017）选取了 2006 年 1 月至 2015 年 11 月云南对 GMS 主要四国（越南、泰国、缅甸、老挝）出口额月度数据以及 2006 年 1 月至 2015 年 11 月美元兑人民币汇率月度数据，对人民币汇率波动对云南与 GMS 国家出口的影响进行了实证研究。

　　GMS 数据中剔除柬埔寨出口额主要是由于云南对柬埔寨出口数据不同于 GMS 其他四国出口数据，从云南对柬埔寨出口的月度数据，119 个月中缺少了近 10 个月出口数据，因此，本章选择重点分析汇率和云南对 GMS 主要四国（越南、泰国、缅甸、老挝）出口额的相依关系共计 119 组数据。由图 14 – 10 云南对 GMS 主要四国出口额和美元兑人民币汇率月度数据可以看出，自 2006 年至 2015 年，汇率和云南对 GMS 主

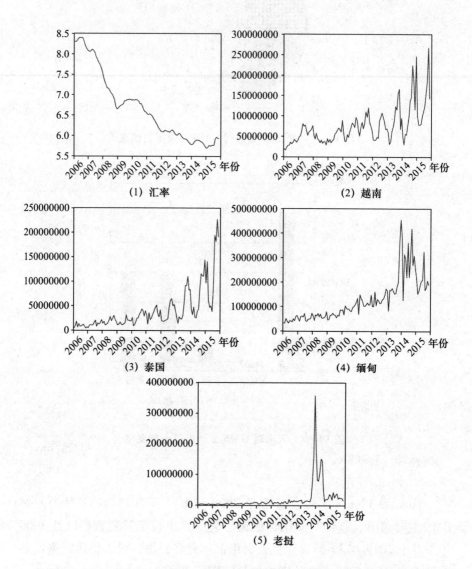

图 14 – 10　云南对 GMS 主要四国出口额和美元兑人民币汇率月度数据

资料来源：Yuan X. , Tang, J. , "The Impact of Exchange Rate's Volatility on Yunnan's Export to Four Lancang – Mekong Cooperation Countries：A Vine Copula Model Approach", *International Journal of Intelligent Technologies and Applied Statistics*, Vol. 10, No. 4, 2017。

要四国（越南、缅甸、泰国、老挝）出口额虽然有很大的波动，但有一个明显的上升总趋势。我们可以看到，在首届中国—南亚博览会与第21 届中国昆明进出口商品交易会（2013 年）后，云南对 GMS 主要四国（越南、缅甸、泰国、老挝）出口额有一个明显的上升，虽然有很大的波动，但其中云南对老挝的出口在 2014 年后有一个明显的下降。本节用 $y_{1,t}$、$y_{2,t}$、$y_{3,t}$、$y_{4,t}$、$y_{5,t}$（$t=1$，2，$\cdots$，T）分别表示云南对 GMS 主要四国出口额和美元兑人民币汇率月度数据序列，用 $r_{1,t}$、$r_{2,t}$、$r_{3,t}$、$r_{4,t}$、$r_{5,t}$ 分别表示云南对 GMS 主要四国出口额和美元兑人民币汇率对数递增率，即 $r_{i,t}=\ln(y_{i,t}/y_{i,t-1})$，（$i=1$，$2$，$3$，$4$，$5$）。

从云南对 GMS 主要四国出口额和美元兑人民币汇率对数递增率描述性统计（见表 14 - 5）可以看出：从偏度和峰度来看美元兑人民币汇率的偏度大于零，峰度大于 3，其分布呈现出"右偏，尖峰"的分布形态。云南对越南、泰国、缅甸和老挝出口额的偏度小于零，峰度大于3，其中云南对越南和缅甸出口额尤为明显，其分布呈现出"左偏，尖峰"的分布形态。

表 14 - 5　　　云南对 GMS 主要四国出口额和美元兑人民币汇率对数递增率描述性统计

	汇率	越南	泰国	缅甸	老挝
Mean	- 0.002855	0.016793	0.032075	0.014964	0.014311
Std. Dev.	0.006473	0.286736	0.417323	0.295018	0.472572
Skewness	0.600443	- 0.542558	- 0.313256	- 0.264724	- 0.137998
Kurtosis	6.150378	4.033925	3.070872	4.958381	3.161506

资料来源：Yuan X., Tang, J., "The Impact of Exchange Rate's Volatility on Yunnan's Export to Four Lancang - Mekong Cooperation Countries: A Vine Copula Model Approach", *International Journal of Intelligent Technologies and Applied Statistics*, Vol. 10, No. 4, 2017。

一　边缘分布的确定

本节采用 ADF 检验对各对数递增率序列进行单位根检验，考察是否有"伪回归"现象出现，检验结果如表 14 - 6 所示。由表 14 - 6 可知，所有收益率序列 ADF 检验统计量在 1% 的置信水平上都显著，表明各对数递增率序列是平稳的，可进行下一步实证分析。

表 14 - 6   各对数递增率单位根检验

Variables	ADF Level	Log of First Difference
汇率	- 1. 253676	- 5. 351680 **
越南	- 1. 390930	- 3. 895521 **
泰国	3. 349867	- 4. 105103 **
缅甸	- 6. 001440 **	- 12. 23567 **
老挝	- 4. 985026 **	- 9. 094744 **

注：* 和 ** 分别代表在 5% 和 1% 的水平上显著。

资料来源：Yuan X. , Tang, J. , "The Impact of Exchange Rate's Volatility on Yunnan's Export to Four Lancang – Mekong Cooperation Countries: A Vine Copula Model Approach", *International Journal of Intelligent Technologies and Applied Statistics*, Vol. 10, No. 4, 2017。

表 14 - 7 是 Skewed – Residuals 的 AR(1) – GARCH(1, 1) 模型（Hansen 方程）的结果，选择 Skewed – t 分布是因为四个序列的 Skewness 统计量小于 0。同时五个序列的 Kurtosis 统计量大于 3。说明五个序列可能有 "厚尾" 或 "尖峰" 的特征。汇率和云南对 GMS 主要四国出口额的条件方程的结果（$\hat{\alpha} + \hat{\beta}$）分别为 0.9894、0.9999、0.9999、0.9995、0.9999。其中，云南对越南出口的 β_i 显著。结果说明云南对越南出口具有长期效应。

表 14 -7   GARCH 模型结果

	汇率	缅甸	越南	泰国	老挝
Z_1	- 0. 0016	0. 2804	0. 2425	0. 3775	0. 1580
	(7420608572)	(1. 447)	(0. 462)	(542. 521)	(94175322)
Z_2	0. 4980	- 0. 4042	- 0. 1894	- 0. 2070	- 0. 1471
	(760480524787)	(0. 800)	(0. 127)	(153. 900)	(852266)
ω_i	0. 0000	0. 0004	0. 0004	0. 0004	0. 0004
	(38623492)	(6. 966)	(0. 372)	(2. 192)	(1621398)
α_i	0. 0256	0. 0381	0. 07	0. 0000	0. 0004
	(3532997994280)	(0. 763)	(0. 119)	(478. 265)	(11926460)
β_i	0. 9638	0. 9618	0. 9299 ***	0. 9995	0. 9995
	(2946988423669)	(2. 350)	(0. 245)	(484. 850)	(11666169)

续表

	汇率	缅甸	越南	泰国	老挝
η_i	6. 7966 * (2418351278551)	5. 8252 (56. 490)	16. 7178 (17. 739)	199. 797 (4827796)	8. 41134 (1864208343)
λ_i	0. 0855 (3405548570394)	− 0. 1462 (0. 887)	− 0. 2783 ** (0. 123)	− 0. 1598 (194. 625)	− 0. 0877 (13954256)
AIC	− 907. 6634	570. 1271	579. 3535	677. 3873	711. 8638
BIC	− 888. 2686	589. 5219	598. 7483	696. 7821	731. 2586
ln(L)	460. 832	− 278. 064	− 282. 677	− 331. 694	− 348. 932

注：（1）括号内数据为标准误差。

（2）当 $|t| > 1.64$、1.96、2.576。用 *、**、*** 分别表示在 10%、5% 和 1% 的水平上显著。

资料来源：Yuan X., Tang, J., "The Impact of Exchange Rate's Volatility on Yunnan's Export to Four Lancang – Mekong Cooperation Countries: A Vine Copula Model Approach", *International Journal of Intelligent Technologies and Applied Statistics*, Vol. 10, No. 4, 2017。

二　藤结构 Copula（Vine Copula）模型

表 14 – 8 是藤结构 Copula（Vine Copula）模型结果，在 C 藤结构 Copula 模型中，Student – t Copula 模型的系数只有 $C_{25|1}$ 显著，说明当人民币对美元大幅度贬值或升值时，云南对缅甸和老挝的出口大幅度上升或者下降的概率较大。在 Clayton Copula 中，我们没有发现系数显著的 Copula 相依关系。

表 14 –8　　　　　C – vine 和 D – vine Copula 结果

	C – vine			D – vine	
	Student – t	Clayton		Student – t	Clayton
C_{12}	7. 6761 (27499)	0. 0000 33. 577	C_{12}	5. 2181 (5. 831)	0. 0000 17. 425
C_{13}	13. 8535 (24050)	0. 0553 10. 479	C_{23}	5. 5052 (5. 325)	0. 1381 1. 164
C_{14}	11. 8241 (3200)	0. 0000 13. 578	C_{34}	13. 9286 *** (0. 001)	0. 2378 2. 269

续表

	C – vine			D – vine	
	Student – t	Clayton		Student – t	Clayton
C_{15}	13. 1899 (19862)	0. 0000 8. 017	C_{45}	4. 2354 *** (0. 000)	0. 0832 1. 453
$C_{23\mid 1}$	5. 3730 (49815)	0. 1634 2. 917	$C_{13\mid 2}$	30. 1080 (54. 884)	0. 0650 1. 373
$C_{24\mid 1}$	2. 6916 (12631)	0. 1103 3. 911	$C_{24\mid 3}$	2. 5211 (2. 350)	0. 0203 2. 005
$C_{25\mid 1}$	4. 8739 *** (0. 028)	0. 3368 6. 762	$C_{35\mid 4}$	36. 0180 (64. 173)	0. 0409 0. 801
$C_{34\mid 12}$	17. 2949 (26915)	0. 1866 3. 748	$C_{14\mid 23}$	65. 7342 (150. 594)	0. 0000 13. 869
$C_{35\mid 12}$	16. 4931 (36110)	0. 0236 2. 397	$C_{25\mid 34}$	20. 5519 (38. 373)	0. 2986 0. 824
$C_{45\mid 123}$	6. 3974 (46303)	0. 0040 4. 110	$C_{15\mid 234}$	59. 5224 (132. 559)	0. 0000 5. 285
AIC	– 62. 5660	– 51. 6135	AIC	– 65. 2682	– 48. 5156
BIC	– 34. 8592	– 23. 9067	BIC	– 37. 5613	– 20. 8088
ln(L)	41. 283	35. 807	ln(L)	42. 634	34. 258

注：（1）$C_{i\mid j}$ 藤结构 Copula 的系数。括号内数据为标准误差。

（2）"0" 表示系数小于 0. 0001。

（3）当 $|t| > 1. 64$、1. 96、2. 576 时，用 * 、 * * 和 * * * 分别表示在 10% 、5% 和 1% 的水平上显著。

（4）以上缩写表示：C_1 = 汇率，C_2 = 缅甸，C_3 = 越南，C_4 = 泰国，C_5 = 老挝。

资料来源：Yuan X. , Tang, J. , "The Impact of Exchange Rate's Volatility on Yunnan's Export to Four Lancang – Mekong Cooperation Countries: A Vine Copula Model Approach", *International Journal of Intelligent Technologies and Applied Statistics*, Vol. 10, No. 4, 2017。

在 D 藤结构 Copula 模型中，我们发现 Student – t Copula 模型中 C_{34}、C_{45} 系数都非常显著。但 C_{45} 的自由度更小，说明云南对泰国的出口和老挝的出口出现极端值的概率较大。最后，在 Clayton Copula 模型中，我们同样没有发现系数显著的 Copula 相依关系。此外，我们发现 Student – t Copula 模型的 AIC 值要小于 Clayton Copula 模型。说明 Student – t 的解释性要比 Clayton dependence 强。

三　小结

本节通过运用 GARCH – Vine Copula 模型，分析了人民币汇率的波动对云南与主要 GMS 国家出口贸易的影响。在 AR（1） – GARCH（1，1）结果中我们发现，云南对越南出口的 β_i 显著。结果说明，云南对越南出口有长期效应。

在 C 藤结构 Copula 模型中，Student – t Copula 模型的系数只在 $C_{25|1}$ 显著，说明当人民币对美元大幅度贬值或升值时，云南对缅甸和老挝的出口的大幅度上升或者下降的概率较大。在 Clayton Copula 中，我们没有发现显著的 Copula 相依关系。根据上述结果，缅甸是云南在 GMS 国家中出口额最高的国家。云南向缅甸出口商品种类繁多，以机电产品、农用机械、纺织品、化工原料、建筑材料等产品为主[1]，云南出口到老挝的主要商品是烟草、电力、化学肥料、钢铁制品、内燃发动机等。[2] 同质的产品有化工和机电产品。而这类出口产品容易受到汇率波动的影响。

在 D 藤结构 Copula 模型中，我们发现 Student – t Copula 模型中 C_{34}、C_{45} 都非常显著。但 C_{45} 的自由度更小，说明云南对泰国的出口和老挝的出口出现极端值的概率较大。最后，在 Clayton Copula 模型上，我们同样没有发现显著的 Copula 相依关系。此外，我们发现 Student – t Copula 模型的 AIC 值要小于 Clayton Copula 模型，说明 Student – t 的解释性要比 Clayton Dependence 强。云南省对泰国主要出口商品包括鲜花、蔬菜、磷化工产品、机电产品。[3] 云南对老挝出口商品主要有烟草、电力、化学肥料、钢铁制品、内燃发动机等。[4] 同质的产品有化工产品和机电产品。老挝和泰国具有引力模型当中文化亲和性，即两国语言相似，因此云南对泰国和老挝出口的相依关系很高。

---

① 杨春萍：《缅甸与云南商贸互补性强》，《云南日报》2015 年 6 月 16 日。
② 《云南上半年与老挝的贸易额为 4 亿美元》，中华人民共和国商务部，2016 年 9 月 9 日。
③ 《云南与泰国贸易不断增加》，中华人民共和国商务部，2013 年 11 月 14 日。
④ 《云南上半年与老挝的贸易额为 4 亿美元》，中华人民共和国商务部，2016 年 9 月 9 日。

第十五章 汇率对云南与非 GMS 的东盟国家进出口影响的 GARCH – Vine Copula 模型研究

2010 年 1 月 1 日中国—东盟自由贸易区正式全面启动。自贸区建成后，其贸易额占到世界贸易总量的 13%。自贸区是涵盖 11 个亚洲国家、19 亿人口、GDP 总量高达 6 万亿美元的巨大经济体，是目前中国参与建成的最大自由贸易区，也是世界上第一个以发展中国家为主的国际经济合作组织。① 中国与东盟双边贸易发展迅速，对云南省与东盟进出口贸易产生了积极的促进作用。云南是中国—东盟自由贸易区的交会点和接合部，区位优势明显。由图 15 – 1 和图 15 – 2 可以看出，据昆明海关统计，在 2006 年云南省对非 GMS 的东盟国家进出口中，占比排名前三的国家是新加坡、印度尼西亚、马来西亚，分别占云南对非 GMS 的东盟国家进出口总额的 60. 36% 、32. 21% 和 5. 36% 。2015 年，在云南省对非 GMS 的东盟国家进出口中，占比排名前三的国家有了明显变化，排名前三的国家是马来西亚、印度尼西亚、新加坡，分别占云南省

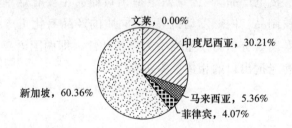

图 15 – 1　2006 年云南对非 GMS 的东盟国家进出口

---

① 翁东辉：《中国—东盟自贸区今年总贸易额或超北美自贸区》，中国经济网，2010 年 1 月 6 日。

对非 GMS 的东盟国家进出口总额的 35.53%、33.46% 和 23.74%。特别是云南对马来西亚的进出口在云南省对非 GMS 的东盟国家进出口总额所占比重呈增长趋势，由 2006 年的 5.36% 升至 2015 年的 35.53%，跃居第一位。

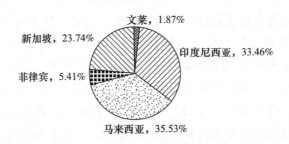

图 15 - 2　2015 年云南对非 GMS 的东盟国家进出口

在云南与东盟国家的进出口贸易的研究中，很多学者做出了重要的研究贡献，吕娅娴（2013）认为，云南省应该强调对东盟国家的金融合作机制的磋商，尽力把加强与东盟的贸易往来作为扩大对外贸易、促进地方经济发展的重要支撑。同时应该强调与周边国家金融业的合作及交流，协调金融机构本币现金跨国之间的调运，加强互设金融分支机构，强化与东盟国家放开跨境贸易人民币结算涉及的人民币兑换政策。丁志吉（2013）研究发现，云南省对东盟农产品贸易发展迅速，但是在与东盟出口中云南省农产品在流通及市场定位环节上还存在很多问题。由此提出了为推进云南省对东盟农产品出口贸易的持续健康发展，云南省应该积极引进和培育龙头企业及完善双边交通运输的网络建设、加强农产品的规范性、增强人民币跨境结算安全性等的对策建议。文淑惠、黄世明（2013）认为，应该加强云南省对东盟国家之间的贸易往来，拓宽贸易的领域，加深经营的层次，推进贸易的便利化来降低交易成本。肖杨、刘秀玲（2014）研究发现，云南省产业结构仍然与东盟邻国有相似性，因此在双方贸易合作上形成了阻碍。因此云南省应该加大产业结构调整，加快发展其烟草及有色金属冶炼业等具有国际竞争力的优势产业，通过资金及技术的投入使其产业得到发展，同时带动其他产业的发展。罗圣荣（2014）研究认为，云南省作为"桥头堡"建设的基地，其本身经济基础和力量都还较为薄弱。如何扩大对东盟（尤其是越南、老挝、缅甸三国）的经济互补关系，对"桥头堡"建设成败有关键作用。因此，企业在"走出去"的同时，应该优先发展互补性领域的投资、贸易，以此避免与当地公司形成直接竞争关系。檀怀玉（2015）构建了反映云南省对东盟国家的贸易引力模型，并且对云南省与东盟国家间的贸易流量进行了实证分析，实证结果表明云南省和东盟国家的 GDP 对双边的贸易有促进性作用，空间距离和东盟国家的人均GDP 则对双边贸易活动有阻碍作用。杨珂、张利军、李丽（2015）认为，云南省的农产品在东盟市场上具有一定的竞争力，但近年竞争优势在下降；通过贸易竞争（互补）度分析还发现，云南省与东盟部分国家在农产品贸易结构方面具有很强的互补性，但是同时与泰国、越南等国存在激烈的竞争性。杨凤（2016）认为，东盟自贸区的建设推进了区域间的紧密贸易的合作，同时加速了云南省人均收入的提高，还为农产品的出口提供了发展动力，为云南省的富强和繁荣提供了保障。但是在后续发展的过程中，需要加大云南省区域贸易的合作力度，以此推进以点带面的全方位贸易合作，加速产业结构的升级以延长出口原动力。另外，通过优化贸易结构来实现农产品生产规模化，最终形成综合化的农产品贸易的合作模式。陈莺（2017）认为，云南省虽然具有得天独厚的地理优势及多样化的农业优势，但是对东盟的农产品出口总额仍然不够理想，存在很多需要改进之处。应该通过积极调整农业生产的布局、引进和培育农产品外贸龙头的企业，以及拓宽农产品出口的绿色通道等手段改变目前不利局面，从而提升云南农产品在东盟市场上的竞争力。霍强、蒋冠（2017）发现，云南省 GDP 的总量和贸易对方 GDP 的总量，对云南省与东盟国家贸易流量具有显著的正向影响性，由此云南省与东盟国家贸易的发展越来越取决于云南省自身经济发展的速度及水平。

第一节　汇率对云南与非 GMS 的东盟国家进口影响的 GARCH – Vine Copula 模型研究

从图 15 – 3 和图 15 – 4 中可以看出，据昆明海关统计，2006 年在云南对非 GMS 的东盟国家进口中，占比排名前三的国家是印度尼西亚、新加坡、马来西亚，分别占云南对非 GMS 的东盟国家进口总额的 76%、19% 和 4%。2015 年，在云南对非 GMS 的东盟国家进口中，占比排名前三的国家有显著的变化，排名前三的分别是新加坡、马来西亚、印度尼西亚，分别占云南对非 GMS 的东盟国家进口总额的 52%、34% 和 8%。特别是云南对印度尼西亚的进口在云南对非 GMS 的东盟国家进口总额所占的比重下滑明显，由 2006 年的 76% 下降至 2015 年的 8%。

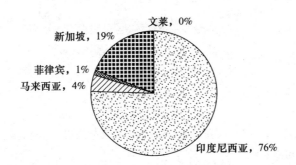

图 15 - 3　2006 年云南对非 GMS 的东盟国家进口情况

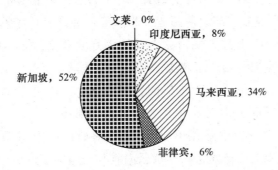

图 15 - 4　2015 年云南对非 GMS 的东盟国家进口情况

由图 15 - 5 可以看出，自 2006 年至 2015 年，10 年来云南对非 GMS 的东盟国家进口除文莱和印度尼西亚外都有了显著的增加，特别是云南对马来西亚的进口，由 2006 年的 758.0148 万美元，增加到了 2015 年的 2190.9636 万美元，比 10 年前增加了 1.8 倍，而云南对印度尼西亚的进口 10 年来显著下滑，由 2006 年的 13050.8076 万美元，下降至 2015 年的 501.5285 万美元，仅相当于 10 年前的 3.8%。

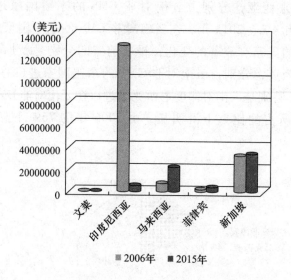

图 15 - 5　云南对非 GMS 的东盟国家进口十年变化

资料来源：昆明海关。

本节选取了 2006 年 1 月至 2015 年 11 月云南对非 GMS 的东盟四国（新加坡、马来西亚、印度尼西亚、菲律宾）进口额月度数据以及 2006 年 1 月至 2015 年 11 月人民币兑美元汇率月度数据，非 GMS 国剔除文莱进口额数据主要是由于云南对文莱进口数据不同于非 GMS 的东盟四国进口数据，在云南对文莱进口的月度数据中，10 年的数据中只有两个月有进口，同时云南对菲律宾进口的月度数据中，119 个月中有 30 多个月没有进口。为了运用 GARCH - Vine Copula 模型得到更有效结果，我们将云南对菲律宾进口换成云南省与东盟国家进出口贸易的第一大伙伴国缅甸的进口。因此，本节选择重点分析汇率对云南与非 GMS 的东盟主要三国（新加坡、马来西亚、印度尼西亚）和缅甸进口额的相依关系，共计 119 组数据。由图 15 - 6 云南对非 GMS 的东盟主要三国（新加坡、马来西亚、印度尼西亚）和缅甸进口和人民币兑美元汇率月度数据可以看出，自 2006 年至 2015 年，云南对非 GMS 的东盟主要三国（新加坡、马来西亚、印度尼西亚）和缅甸进口和人民币兑美元汇率，有很大的波动。值得注意的是，受到 2008 年金融危机影响，云南省对印度尼西亚和新加坡进口下降非常明显。另外在 2014 年后，云南对马来西亚和印度尼西亚的进口，有一定的波动，而且有一个非常明显的下滑趋势。本节用 $y_{1,t}$、$y_{2,t}$、$y_{3,t}$、$y_{4,t}$、$y_{5,t}$（$t = 1, 2, \cdots, T$）分别表示人民币兑美元汇率和云南对非 GMS 的东盟主要三国和缅甸进口的月度数据序列，用 $r_{1,t}$、$r_{2,t}$、$r_{3,t}$、$r_{4,t}$、$r_{5,t}$ 分别表示人民币兑美元汇率和云南对非 GMS 的东盟主要三国和缅甸进口额的对数递增率，即 $r_{i,t} = \ln(y_{i,t}/y_{i,t-1})$，（$i = 1, 2, 3, 4, 5$）。

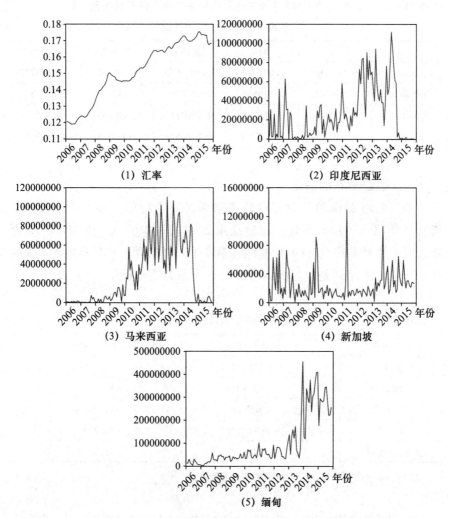

图 15 - 6　云南对非 GMS 的东盟主要三国（新加坡、马来西亚、印度尼西亚）和缅甸进口额和人民币兑美元汇率月度数据

从云南对非 GMS 的东盟主要三国和缅甸的进口额和人民币兑美元汇率的对数递增率描述性统计（见表 15 - 1）可以看出：从偏度和峰度来看，人民币兑美元汇率，云南对印度尼西亚进口额的偏度小于零，峰度大于 3，其分布呈现出"左偏，尖峰"的分布形态，云南对缅甸、马来西亚和新加坡进口额的偏度大于零，峰度大于 3，其分布呈现出"右偏，尖峰"的分布形态。

表 15 - 1 云南对非 GMS 主要三国及缅甸进口和人民币兑美元
汇率的对数递增率描述性统计

	汇率	缅甸	马来西亚	新加坡	印度尼西亚
Mean	0.002855	0.025016	- 0.014936	0.002858	- 0.018733
Std. Dev.	0.006473	0.520568	2.287418	1.097515	1.828559
Skewness	- 0.600443	0.585095	1.296384	0.196239	- 0.438374
Kurtosis	6.150378	5.275784	9.834484	3.803628	5.505955

一 边缘分布的确定

本节采用 ADF 检验对各对数递增率序列进行单位根检验，考察是否有"伪回归"现象出现，检验结果如表 15 - 2 所示。由表 15 - 2 可知，所有收益率序列 ADF 检验统计量在 1% 的置信水平上都显著，表明各对数递增率序列是平稳的，可进行下一步实证分析。

表 15 - 2 各对数递增率单位根检验

Variables	ADF Level	Log of First Difference
汇率	- 1.356102	- 5.931382 **
缅甸	- 2.819448	- 8.814499 **
马来西亚	- 0.869060	- 11.04925 **
新加坡	- 9.869476 **	- 10.75756 **
印度尼西亚	- 4.397331 **	- 15.05593 **

注：* 和 ** 分别代表在 5% 和 1% 的水平上显著。

表 15 - 2 是 Skewed - Residuals 的 AR（1）- GARCH（1，1）模型（Hansen 方程）的结果，选择 Skewed - t 分布是因为汇率和印度尼

西亚进口额的 Skewness 统计量小于零。同时，五个序列的 Kurtosis 统计量大于 3。说明五个序列可能有"厚尾"或"尖峰"的特征。汇率和云南对非 GMS 的东盟主要三国和缅甸的进口额的条件方程的结果（$\hat{\alpha} + \hat{\beta}$）分别为 0.3843、0.9843、0.9902、0.8208。其中云南对印度尼西亚和马来西亚进口的 α_i 显著，自回归系数 β_i 在云南对印度尼西亚、新加坡、缅甸进口额都显著。结果说明，云南对印度尼西亚和马来西亚进口有短期持续性，而云南对印度尼西亚、新加坡、缅甸进口有长期持续性。

表 15 - 3　　　　　　　　　GARCH 模型结果

	汇率	印度尼西亚	马来西亚	新加坡	缅甸
Z_1	0.0146 **	- 0.0017	0.2192	0.0001	0.0184
	(0.007)	(0.058)	(0.931)	(0.008)	(0.040)
Z_2	0.5000 ***	- 0.4385 ***	- 0.5000 ***	- 0.4548 ***	- 0.2317 **
	(0.132)	(0.085)	(0.133)	(0.104)	(0.108)
ω_i	0.0016	0.0412	0.0001	0.0000	0.0460
	(0.001)	(0.036)	(2.080)	(0.000)	(0.044)
α_i	0.0554	0.1969 **	0.3886 **	0.0295	0.2442
	(0.176)	(0.095)	(0.107)	(0.036)	(0.188)
β_i	0.3289	0.7874 ***	0.6113	0.9607 ***	0.5766 **
	(0.500)	(0.070)	(0.504)	(0.037)	(0.290)
η_i	6.0244 *	5.1573 **	7.0098 ***	5.2688 **	10.3824
	(3.353)	(2.201)	(4.948)	(2.584)	(12.931)
λ_i	- 0.1520	- 0.2030	- 0.3350	- 0.0231	0.0654
	(0.281)	(0.129)	(0.448)	(0.113)	(0.116)
AIC	- 366.4657	383.6694	770.4260	- 220.0962	173.9407
BIC	- 347.0709	403.0642	789.8208	- 200.7014	193.3355
ln(L)	190.233	- 184.835	- 378.213	117.048	- 79.970

注：（1）括号内数据为标准误差。

（2）当 |t| > 1.64、1.96、2.576 时，用 *、** 和 *** 分别表示在 10%、5% 和 1% 的水平上显著。

二 藤结构 Copula（Vine Copula）模型

表15 -4 是藤结构 Copula（Vine Copula）模型结果，在 C 藤结构 Copula 模型中，Student - t Copula 模型的自由度在 C_{12}、C_{14}、C_{15}、$C_{23|1}$、$C_{24|1}$、$C_{25|1}$、$C_{34|12}$ 和 $C_{35|12}$ 显著，当中 C_{14} 有最小的自由度，说明汇率发生变化时可能会导致云南对新加坡进口额出现极值。而在 Clayton Copula 中，我们没有发现显著的相关关系。

表15 -4　　　　C - vine 和 D - vine Copula 结果

	C - vine			D - vine	
	Student - t	Clayton		Student - t	Clayton
C_{12}	199. 8240 *** (0. 300)	0. 0011 (0. 068)	C_{12}	197. 2131 *** (1. 172)	0. 0027 (0. 059)
C_{13}	119. 0869 (121. 401)	0. 0022 (0. 054)	C_{23}	183. 8797 *** (0. 000)	0. 0462 (0. 044)
C_{14}	195. 7385 *** (13. 938)	0. 0372 (0. 046)	C_{34}	180. 2110 *** (0. 000)	0. 0592 (0. 066)
C_{15}	199. 7447 *** (0. 135)	0. 0579 (0. 045)	C_{45}	11. 1722 (18. 025)	0. 0001 (0. 247)
$C_{23|1}$	198. 7313 *** (2. 135)	0. 0468 (0. 042)	$C_{13|2}$	88. 4641 *** (6. 502)	0. 0120 (0. 066)
$C_{24|1}$	199. 7178 *** (0. 345)	0. 0380 (0. 058)	$C_{24|3}$	195. 5979 *** (1. 851)	0. 0345 (0. 061)
$C_{25|1}$	199. 5525 *** (0. 529)	0. 0011 (0. 065)	$C_{35|4}$	193. 7944 *** (2. 891)	0. 0001 (0. 220)
$C_{34|12}$	197. 3157 *** (3. 399)	0. 0587 (0. 063)	$C_{14|23}$	150. 8151 *** (1. 375)	0. 0323 (0. 074)
$C_{35|12}$	199. 6371 *** (0. 131)	0. 0002 (0. 094)	$C_{25|34}$	195. 6913 ** (1. 954)	0. 0014 (0. 077)
$C_{45|123}$	13. 3272 (24. 379)	0. 0002 (0. 046)	$C_{15|234}$	194. 6757 *** (3. 126)	0. 0564 (0. 054)
AIC	17. 9441	16. 0441	AIC	17. 8292	16. 1735

续表

	C – vine			D – vine	
	Student – t	Clayton		Student – t	Clayton
BIC	45. 6509	43. 7510	BIC	45. 5360	43. 8803
ln(L)	1. 028	1. 978	ln(L)	1. 085	1. 913

注：（1）$C_{i \mid j}$ 表示藤结构 Copula 的系数。括号内数据为标准误差。

（2）"0"表示系数小于 0.0001。

（3）当 $|t| > 1.64$、1. 96、2. 576 时，用 *、**和***分别表示在 10%、5% 和 1% 的水平上显著。

（4）以上缩写表示：C_1 = 汇率，C_2 = 印度尼西亚，C_3 = 马来西亚，C_4 = 新加坡，C_5 = 缅甸。

在 D 藤结构 Copula 模型中，我们发现 Student – t Copula 模型中除了 C_{45}，所有系数都非常显著。其中 $C_{13 \mid 2}$ 有最小的自由度，说明当云南对印度尼西亚进口额发生变化时可能会导致汇率和云南对马来西亚进口出现极值。最后，在 Clayton Copula 模型中，同样我们没有发现显著的相依关系。此外，我们发现 Clayton Copula 模型的 AIC 值要小于 Student – t Copula 模型。说明 Clayton Copula 的解释性比 Clayton Copula 要强。

三　小结

本节运用 GARCH – Vine Copula 模型分析了汇率的波动性对于云南对非 GMS 的东盟主要三国和缅甸进口的影响。在 AR（1）– GARCH（1，1）结果中我们发现，云南对印度尼西亚和马来西亚进口的 α_i 显著，自回归系数 β_i 在云南对印度尼西亚、新加坡、缅甸进口额都显著。结果说明，云南对印度尼西亚和马来西亚进口有短期持续性，而云南对印度尼西亚、新加坡、缅甸进口有长期持续性。

在 C 藤结构 Copula 模型中，我们发现 Student – t Copula 模型中除了 C_{13}、$C_{45/123}$ 所有系数都非常显著。其中 C_{14} 有最小的自由度，说明汇率发生变化时可能会导致云南对新加坡进口额出现极值。但在 Clayton Copula 中，我们没有发现显著的相依关系。

在 D 藤结构 Copula 模型中，我们发现 Student – t Copula 模型中 $C_{13 \mid 2}$ 有最小的自由度，说明当云南对印度尼西亚进口额发生变化时可能会导致汇率和云南对马来西亚进口出现极值。云南对印度尼西亚进口的主要商品为鱼、咖啡、棕榈液油、铁矿砂及精矿、铜矿砂及精矿等。① 云南进口自马来西亚的商品主要是锡矿。② 两国同质产品为矿石类产品,而矿石类产品容易受到汇率波动的影响。最后,在 Clayton Copula 模型上,同样我们没有发现显著的相依性。

综合实证结果,我们可以看出非 GMS 的东盟主要三国有着非常相近的出口结构和相近的宏观经济环境,当人民币发生贬值,会对云南对于非 GMS 国家进口产生影响。

第二节 汇率对云南与非 GMS 的东盟国家出口 影响的 GARCH – Vine Copula 模型研究

从图 15 – 7 和图 15 – 8 可以看出,根据昆明海关统计,2006 年在云南对非 GMS 的东盟国家出口中,占比排名前三的国家是新加坡、印度尼西亚、马来西亚,分别占云南对非 GMS 的东盟国家出口总额的 72% 、17% 和 6% 。2015 年,在云南对非 GMS 的东盟国家出口中,占比排名前三的国家有所变化,是马来西亚、印度尼西亚、新加坡,分别占云南对非 GMS 的东盟国家出口总额的 36% 、34% 和 23% 。特别是云南对新加坡的出口在云南对非 GMS 的东盟国家出口总额所占的比重下降明显,由 2006 年的 72% 下滑至 2015 年的 23% ,由排名第一下滑至第三。

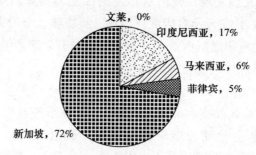

图 15 –7 2006 年云南对非 GMS 的东盟国家出口情况

① 《云南省商务厅关于赴斯里兰卡、新加坡和印度尼西亚开拓国际市场的通知》,云南商务之窗,2015 年 4 月 24 日。
② 徐婷:《云南食品企业组团探路东南亚市场》,《昆明日报》2017 年 5 月 26 日。

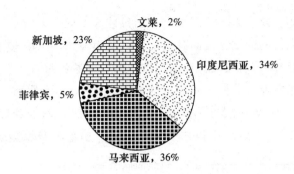

图 15 - 8　2015 年云南对非 GMS 的东盟国家出口情况

由图 15 - 9 可以看出，10 年来云南对非 GMS 的东盟国家出口都有了显著的增加，特别是文莱和马来西亚，分别由 2006 年的 1.3634 万美元和 3375.5176 万美元，增加到了 2015 年的 4399.3052 万美元和81383.9944 万美元，比 10 年前增加了 3226 倍和 24 倍。

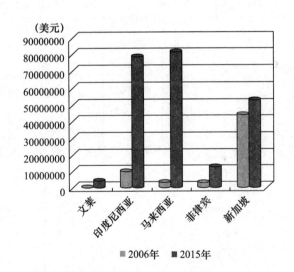

图 15 - 9　云南对非 GMS 的东盟国家出口十年变化

资料来源：昆明海关。

本节选取了 2006 年 1 月至 2015 年 11 月云南对非 GMS 的东盟主要四国（新加坡、马来西亚、印度尼西亚、菲律宾）出口额月度数据以及2006 年 1 月至 2015 年 11 月美元兑人民币汇率月度数据，GMS 数据中剔除文莱出口额主要是由于云南与文莱出口数据不同于云南对非 GMS 的东盟主要四国出口的数据，云南对文莱出口量相较四国来说非常少，因此，本节选择重点分析汇率和云南对非 GMS 的东盟主要四国（新加坡、马来西亚、印度尼西亚、菲律宾）出口的相依关系共计 119 组数据。

　　由图 15 - 10 云南对非 GMS 的东盟主要四国（新加坡、马来西亚、印度尼西亚、菲律宾）出口额和美元兑人民币汇率月度数据可知，自

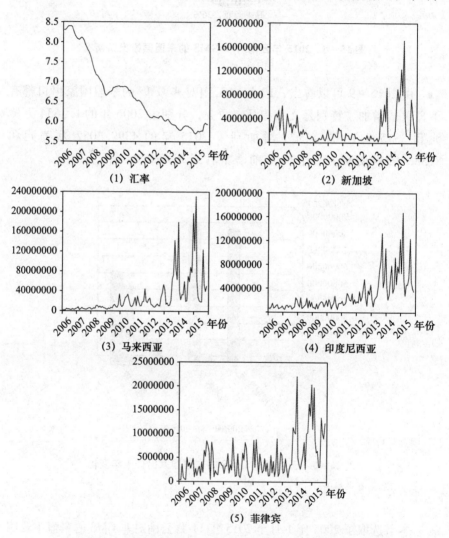

图 15 - 10　云南对非 GMS 的东盟主要四国（新加坡、马来西亚、
印度尼西亚、菲律宾）出口额和美元兑人民币汇率月度数据

2006 年至 2015 年，云南对非 GMS 的东盟主要四国出口额和美元兑人民币汇率，虽然有很大的波动，但上升的总趋势比较明显。值得注意的是，受到 2008 年金融危机影响，云南省对新加坡和菲律宾的出口下降非常明显。另外在 2014 年后，云南对新加坡、马来西亚、印度尼西亚和菲律宾的出口，有一定的波动，而且有一个非常明显的下滑趋势。本节用 $y_{1,t}$、$y_{2,t}$、$y_{3,t}$、$y_{4,t}$、$y_{5,t}$（t = 1，2，…，T）分别表示云南对非 GMS 主要四国出口额和美元兑人民币汇率月度数据序列，用 $r_{1,t}$、$r_{2,t}$、$r_{3,t}$、$r_{4,t}$、$r_{5,t}$ 分别表示云南对非 GMS 的东盟主要四国出口额和美元兑人民币汇率对数递增率，即 $r_{i,t} = \ln(y_{i,t}/y_{i,t-1})$，（i = 1，2，3，4，5）。

从云南对非 GMS 的东盟主要四国出口额和美元兑人民币汇率对数递增率描述性统计（见表 15 - 5）可以看出，从偏度和峰度来看美元兑人民币汇率，云南对新加坡、马来西亚和菲律宾出口额的偏度大于零，峰度大于 3，其分布呈现出"右偏，尖峰"的分布形态。云南对印度尼西亚出口额的偏度小于零，峰度小于 3，其分布呈现出"左偏，内凹"的分布形态。

表 15 - 5　云南对非 GMS 的东盟主要四国出口额和美元兑人民币汇率对数递增率描述性统计

	汇率	新加坡	马来西亚	印度尼西亚	菲律宾
Mean	－ 0. 002855	－ 0. 00005	0. 031719	0. 013749	0. 031687
Std. Dev.	0. 006473	0. 742290	0. 572454	0. 600777	0. 953218
Skewness	0. 600443	0. 137200	0. 009759	－ 0. 258085	0. 183591
Kurtosis	6. 150378	3. 907593	3. 530087	2. 150650	3. 551638

一　边缘分布的确定

本节采用 ADF 检验对各对数递增率序列进行单位根检验，考察是否有"伪回归"现象出现，检验结果如表 15 - 6 所示。由表 15 - 6 可知，所有收益率序列 ADF 检验统计量在 1% 的置信水平上都显著，表明各对数递增率序列是平稳的，可进行下一步实证分析。

表 15 – 6   各对数递增率单位根检验

Variables	ADF Level	Log of First Difference
汇率	– 1. 253676	– 5. 351680 **
新加坡	– 3. 791561 *	– 16. 03745 **
马来西亚	– 6. 852701 **	– 7. 421843 **
印度尼西亚	– 7. 946689 **	– 9. 381104 **
菲律宾	– 4. 754154 **	– 17. 35297 **

注: * 和 ** 分别代表有在 5% 和 1% 的水平上显著。

表 15 – 7 是 Skewed – Residuals 的 AR (1) – GARCH (1, 1) 模型 (Hansen 方程) 的结果, 选择 Skewed – t 分布是因为四个序列的 Skewness 统计量大于 0。同时, 四个序列的 Kurtosis 统计量大于 3。说明序列可能有 "厚尾" 或 "尖峰" 的特征。汇率和云南对非 GMS 的东盟主要四国出口额的条件方程的结果 ($\hat{\alpha} + \hat{\beta}$) 分别为 0. 9894、0. 903、0. 9866、0. 9988 和 0. 9975。自回归系数 β_i 在云南对马来西亚出口上显著, 结果说明云南对马来西亚的出口有长期持续性。

表 15 – 7   GARCH 模型结果

	汇率	印度尼西亚	马来西亚	新加坡	菲律宾
Z_1	– 0. 0016 (7420608572)	0. 0026 (1138. 391)	0. 0019 (0. 007)	0. 0002 (337. 474)	0. 0403 (25. 532)
Z_2	0. 4980 (760480524787)	– 0. 3910 (34467. 428)	– 0. 1857 (1. 459)	– 0. 1919 (3841. 344)	– 0. 3757 (139. 984)
ω_i	0. 0000 (38623492)	0. 0003 (115. 717)	0. 0000 (0. 000)	0. 0000 (183. 286)	0. 0000 (390. 910)
α_i	0. 0256 (3532997994280)	0. 0018 (68018. 424)	0. 0385 (0. 795)	0. 0000 (36940. 032)	0. 0000 (129. 935)
β_i	0. 9638 (2946988423669)	0. 9012 (94768. 276)	0. 9481 *** (0. 127)	0. 9988 (62514. 592)	0. 9975 (686. 630)
η_i	6. 7966 * (2418351278551)	173. 1287 (96503310)	8. 9093 (18. 337)	5. 5977 (929836. 33)	16. 0555 (194548. 485)

续表

	汇率	印度尼西亚	马来西亚	新加坡	菲律宾
λ_i	0.0855	− 0.4857	0.0603	0.0206	− 0.0166
	(3405548570394)	(14400.984)	(1.014)	(25722.303)	(39.773)
AIC	− 907.6634	− 341.9192	− 530.8809	− 273.6538	314.9804
BIC	− 888.2686	− 322.5244	− 511.4861	− 254.2590	334.3751
ln(L)	460.832	177.960	272.440	143.827	− 150.490

注：(1) 括号内数据为标准误差。

(2) 当 $|t| > 1.64$、1.96、2.576 时，用 *、** 和 *** 分别表示在 10%、5% 和 1% 的水平上显著。

二 藤结构 Copula（Vine Copula）模型

表 15 − 8 是藤结构 Copula（Vine Copula）模型结果，在 C 藤结构 Copula 模型中，Student − t Copula 模型的所有系数都显著，其中 $C_{34|12}$ 有最小的自由度，说明当人民币对美元大幅度贬值或升值时和云南对印度尼西亚出口上升或者下降可能会导致云南对马来西亚和新加坡出口额出现极值。但在 Clayton Copula 中，我们没有发现显著的 Copula 相依关系。

在 D 藤结构 Copula 模型中，我们发现 Student − t Copula 模型中 C_{12} 相依关系非常显著。说明当人民币对美元大幅度贬值或升值时可能会导致云南对印度尼西亚的出口上升或者下降。最后，在 Clayton Copula 模型上，我们没有发现系数显著的 Copula 相依关系。此外，我们发现 Student − t Copula 模型的 AIC 值要小于 Clayton Copula 模型。说明 Student − t 的解释性要比 Clayton Dependence 强。

表 15 − 8　　　　　　C − vine 和 D − vine Copula 结果

	C − vine			D − vine	
	Student − t	Clayton		Student − t	Clayton
C_{12}	4.6538 ***	0.0341	C_{12}	3.1721 ***	0.0340
	(0.815)	(5.676)		(0.020)	(2.042)
C_{13}	4.7219 ***	0.0000	C_{23}	2.8438	0.2773
	(0.000)	(6.519)		(6.240)	(1.125)
C_{14}	4.2085 ***	0.0161	C_{34}	2.2476	0.2240
	(1.434)	(5.592)		(24.682)	(0.447)

续表

	C – vine			D – vine	
	Student – t	Clayton		Student – t	Clayton
C_{15}	14. 2498 ***	0. 0000	C_{45}	14. 4344	0. 1846
	(0. 224)	(16. 268)		(10141. 568)	(0. 923)
$C_{23\mid 1}$	3. 8174 ***	0. 2591	$C_{13\mid 2}$	36. 0354	0. 0000
	(1. 035)	(2. 081)		(93193. 163)	(14. 673)
$C_{24\mid 1}$	12. 6294 ***	0. 1106	$C_{24\mid 3}$	43. 3181	0. 0246
	(0. 580)	(1. 719)		(126526. 773)	(0. 335)
$C_{25\mid 1}$	7. 6476 ***	0. 1845	$C_{35\mid 4}$	10. 4059	0. 1167
	(0. 725)	(1. 584)		(14151. 876)	(2. 386)
$C_{34\mid 12}$	3. 6365 ***	0. 1755	$C_{14\mid 23}$	42. 3525	0. 0053
	(1. 238)	(0. 197)		(120405. 271)	(1. 323)
$C_{35\mid 12}$	6. 9233 ***	0. 1181	$C_{25\mid 34}$	11. 8019	0. 0986
	(0. 323)	(2. 623)		(6764. 136)	(0. 481)
$C_{45\mid 123}$	11. 3231 ***	0. 1113	$C_{15\mid 234}$	34. 2684	0. 0000
	(0. 108)	(0. 225)		(81859. 180)	(14. 907)
AIC	– 81. 6952	– 39. 5224	AIC	– 83. 9983	– 41. 5973
BIC	– 53. 9884	– 11. 8155	BIC	– 56. 2914	– 13. 8905
ln(L)	50. 848	29. 761	ln(L)	51. 999	30. 799

注：（1）$C_{i\mid j}$ 表示藤结构 Copula 的系数。括号内数据为标准误差。

（2）"0" 表示系数小于 0.0001。

（3）当 |t| > 1.64、1.96、2.576 时，用 * 、 ** 和 *** 分别表示在 10%、5% 和 1% 的水平上显著。

（4）以上缩写表示：C_1 = 汇率，C_2 = 印度尼西亚，C_3 = 马来西亚，C_4 = 新加坡，C_5 = 菲律宾。

三 小结

本节通过运用 GARCH – Vine Copula 模型，分析了人民币汇率的波动对非 GMS 的东盟主要四国出口贸易的影响。

从 Skewed – Residuals 的 AR（1） – GARCH（1，1）模型（Hansen 方程）的结果可以看出自回归系数 β_i 在云南对马来西亚出口上显著。结果说明，云南对马来西亚的出口有长期持续性。

在 C 藤结构 Copula 模型中，其中 $C_{34\,|\,12}$ 有最小的自由度，说明当人民币对美元大幅度贬值或升值时和云南对印度尼西亚出口上升或者下降可能会导致云南对马来西亚和新加坡出口额出现极值。根据上述结果，云南省出口印度尼西亚的主要商品有鲜花、蔬菜、水果、食品、咖啡、烟草等。[①] 云南省对马来西亚出口以新鲜水果、蔬菜、烟草和磷化工等产品为主，云南出口到新加坡的出口商品是船舶、烟草、鲜花和磷肥等。[②] 同质的产品有鲜花、水果和磷肥等产品。而这类出口产品容易受到汇率波动的影响。

在 D 藤结构 Copula 模型中，我们发现 Student – t Copula 模型中 C_{12} 相依关系非常显著。说明当人民币对美元大幅度贬值或升值时可能会导致云南对印度尼西亚的出口上升或者下降。

最后，在 Clayton Copula 模型上，我们没有发现系数显著的 Copula 相依关系。此外我们发现 Student – t Copula 模型的 AIC 值要小于 Clayton Copula 模型，说明 Student – t 的解释性要比 Clayton dependence 强。

---

① 《云南省商务厅关于赴斯里兰卡、新加坡和印度尼西亚开拓国际市场的通知》，云南商务之窗，2015 年 4 月 24 日。

② 《云南省商务厅关于赴马来西亚、新加坡、东帝汶开拓国际市场的通知》，云南商务之窗，2017 年 4 月 28 日。

第十六章　结论及政策建议

第一节　实证结论

通过运用静态 Copula – GARCH 模型、动态 Copula – GARCH 模型、藤结构 Copula 模型，本书建立了非线性的人民币汇率波动对云南省与东盟国家进出口贸易影响的 Copula 相依关系模型。实证结果表明，人民币汇率波动与云南省对东盟国家进出口贸易之间的静态 Copula、动态 Copula、藤结构多元 Copula 相依关系成立。从表 16 – 1 和表 16 – 2 可以看出：

一　云南省与缅甸贸易方面

在人民币汇率与云南省对缅甸进口贸易的静态 Copula 相依关系中，在 Placket Copula 方面存在非常显著的正相依性。而动态 Copula 的结果与静态 Copula 的结果一致，大多数时间人民币汇率与云南省对缅甸进口贸易存在动态的正相依结构。说明人民币升值对于云南省对缅甸进口有一定的促进作用，人民币升值导致云南省从缅甸进口原料的价格降低，云南企业可以节约生产中的原材料成本，扩大利润空间。在人民币汇率与云南省对缅甸出口贸易的静态 Copula 相依关系中，Clayton Copula 存在一定显著的正相依关系。而动态的 Gumbel Copula 反映出人民币汇率与云南省对缅甸出口在 2006 年和 2007 年存在很强的正相依结构。但是在 2007 年之后相依关系一直很弱。所以可以推断云南省对缅甸出口贸易静态 Copula 的正相依关系，只存在了很短的时间。说明汇率贬值反而促使云南省对缅甸出口下降只是一个短时间现象。大部分时间云南省对缅甸的出口受到人民币汇率波动的影响很少。

二 云南省与越南贸易方面

人民币汇率与云南省对越南进口的相依关系中，在静态 Placket Copula 存在一定显著的负相依关系。而动态的 Clayton Copula 反映出从 2009 年到 2013 年为正相依关系。其他时间段与静态 Copula 结果一致，存在一定显著的负相依关系。说明在 2009 年到 2013 年时间段之外刚好和弹性调节法的理论假设相反，即当人民币汇率升值时，云南省对越南进口额同时也会大幅度下滑。在人民币汇率与云南省对越南出口贸易的相依关系中，在静态 Placket Copula 上存在非常显著的负相依关系。而动态 Clayton Copula 结果在大多数时间段与静态 Copula 结果一致都为负相依关系。说明大多数时间人民币贬值对于云南省对越南出口有一定的促进作用，即随着人民币的贬值，出口商品的价格下降，出口的低价会促使出口量增长。

表 16－1 静态 Copula 结果

国家	汇率—进口	关系	汇率—出口	关系
缅甸	Placket Copula	+	Clayton Copula	+
越南	Placket Copula	－	Placket Copula	－
泰国	Placket Copula	－	Placket Copula	+
老挝	Placket Copula	－	Placket Copula	+
柬埔寨			Placket Copula	－
新加坡	Gumbel Copula	+	Placket Copula	+
马来西亚	Gumbel Copula	+	Placket Copula	+
印度尼西亚	Placket Copula	+	Placket Copula	+
菲律宾			Placket Copula	+
文莱			Gumbel Copula	+

表 16－2 动态 Copula 结果

国家	汇率—进口	正相依关系时间段	负相依关系时间段	汇率—进口	正相依关系时间段	负相依关系时间段
缅甸	Clayton	长期	2014 年	Gumbel	2006—2007 年后（弱）	

续表

国家	汇率—进口	正相依关系时间段	负相依关系时间段	汇率—进口	正相依关系时间段	负相依关系时间段
越南	Clayton	2009—2013 年	其他时间段	Clayton	2009 年、2011—2013 年	长期
泰国	Clayton		长期	Gaussian	长期	2007—2008 年
老挝	Gaussian		长期	Gaussian		长期
柬埔寨	—	—	—	Clayton		长期
新加坡	Gumbel	长期		Clayton	其他时间段	2006 年、2011—2014 年
马来西亚	Gaussian	长期		Clayton		长期
印度尼西亚	Clayton	其他时间段	2007 年、2009 年、2011 年、2013 年	Gumbel	长期（弱）	
菲律宾	—	—	—	Clayton	2006—2007 年、2012—2013 年	长期
文莱	—	—	—	Clayton	长期	2012—2015 年

三　云南省与泰国贸易方面

在人民币汇率与云南省对泰国进口的相依关系中，静态 Placket Copula 存在负相依关系。而动态的 Clayton Copula 结果与静态结果一致，大多数时间人民币汇率与云南对泰国进口为负相依关系。所以与弹性调节法的理论假设相反，即当人民币汇率升值时，云南省对泰国进口额同时也会大幅度下滑。在人民币汇率与云南省对泰国出口贸易的相依关系中，静态 Placket Copula 存在非常显著的正相依关系。而在动态 Gaussian Copula 中，除了 2007 年到 2008 年存在很强的负相依结构，在其他时间段都为正相依关系，因此大部分时间段和静态 Copula 的结果一致，同样和弹性调节法的理论假设相反，即随着人民币的升值，出口商品的价格上升，反而会使出口量上升。

四　云南省与老挝贸易方面

在人民币汇率与云南省对老挝进口贸易的相依关系中，在静态 Placket Copula 存在非常显著的负相依关系。而动态 Gaussian Copula 与静态 Copula 结果相同，大部分时间是负的相依关系。说明大部分时间和弹性调节法的理论假设相反，即当人民币汇率升值时，云南省对老挝进口额同时也会大幅度下滑。在人民币汇率与云南省对老挝出口贸易 Copula 相依关系中，在静态 Placket Copula 存在一定显著的正相依关系。但在动态的 Gaussian Copula，人民币汇率与云南对老挝出口动态相依关系一直都为负相依关系。这与静态 Copula 模型结果刚好相反。但结合与动态 Gaussian Copula 的 AIC 取值非常相近的动态 Gumbel Copula 图形来看，的确有非常短的时间存在正相依关系。因此动态的 Gaussian Copula 的负相依关系的结果更准确一些，即大部分时间随着人民币的升值，出口商品的价格上升，会使出口量下降。

五　云南省与柬埔寨贸易方面

在人民币汇率与云南省对柬埔寨出口贸易的相依关系中，在静态 Placket Copula 存在负相依关系，而在动态的 Clayton Copula 中，大部分时间是负的相依关系且与静态 Copula 结果一致，即随着人民币的升值，出口商品的价格上升，会使出口量下降。

六　云南省与新加坡贸易方面

在人民币汇率对云南省与新加坡进口贸易的相依关系中，在静态 Gumbel Copula 存在非常显著的正相依关系。而从动态的 Gumbel Copula 图中我们可以看到，与静态 Copula 结果相同，长期是正的相依关系。说明人民币升值对于云南省对新加坡进口有一定的促进作用。人民币升值导致从新加坡进口原料的价格降低，云南省企业可以节约生产中的原材料成本，扩大利润空间。在人民币汇率与云南省对新加坡出口贸易 Copula 相依关系中，在静态 Placket Copula 存在非常显著的正相依关系，而从动态的 Clayton Copula 图中我们可以看到，人民币汇率与云南对新加坡出口动态相依关系在 2006 年和 2011—2014 年存在很强的负相依结构。但是在其他时间段都为正相依关系。所以可以得出大部分时间段和静态 Copula 的结果一致，即我们没有得到预计的结果（即随着人民币的升值，出口商品的价格上升，会使出口量下降）。

七 云南省与马来西亚贸易方面

在人民币汇率与云南省对马来西亚进口贸易的相依关系中，静态 Copula 实证结果表明，在人民币汇率与云南省对马来西亚进口贸易的相依关系中，在 Gumbel Copula 存在非常显著的正相依关系。而从动态的 Gaussian Copula 图中我们可以看到人民币汇率与云南对马来西亚进口大部分时间是正的相依关系，即与静态 Copula 结果相同。说明随着人民币的升值，进口商品的价格下降，进口商品的低价会促使进口量增长。在人民币汇率与云南省对马来西亚出口贸易的相依关系中，静态的 Placket Copula 存在一定显著的正相依关系。即当人民币汇率升值时，云南省对马来西亚出口额同时也会大幅度上升。因此不排除可能会有 J 曲线效应的存在。但从动态的 Clayton Copula 图中我们可以看到，人民币汇率与云南对马来西亚出口动态相依关系大部分时间为负相依关系。这与静态 Copula 模型结果刚好相反，但的确在图中有很短的时间和静态 Copula 结果一致存在短期的正相依关系。因此可以得出，大部分时间随着人民币的升值，出口商品的价格上升，会使出口量下降。因此可以排除有 J 曲线效应的存在。

八 云南省与印度尼西亚贸易方面

在人民币汇率与云南省对印度尼西亚进口贸易的相依关系中，在静态 Copula 结果中，Placket Copula 存在非常显著的正相依关系。而从动态的 Clayton Copula 图中我们可以看到，人民币汇率与云南对印度尼西亚进口一部分时间是正的相依关系。这与静态 Copula 结果相同，即随着人民币的升值，进口商品的价格下降，进口商品的低价会促使进口量增长。而在人民币汇率与云南省对印度尼西亚出口贸易的相依关系中，在静态 Placket Copula 存在一定显著的正相依关系。而从动态 Gumbel Copula 的图中我们可以看到，人民币汇率与云南对印度尼西亚出口动态相依关系一直都为正相依关系。这与静态 Copula 模型结果相同，即我们没有得到预计的结果（当人民币汇率升值时，云南省对印度尼西亚出口额会大幅度下降）。但 2008 年后正相依关系很弱。说明汇率升值反而促使云南对印度尼西亚出口上升只是一个短时间现象。大部分时间云南对印度尼西亚的出口受到人民币汇率波动的影响很少。

九 云南省与菲律宾贸易方面

在人民币汇率与云南省对菲律宾出口贸易的相依关系中，静态

Placket Copula 存在非常显著的正相依关系。而从动态的 Clayton Copula 图中我们可以看到，人民币汇率与云南对菲律宾出口动态相依关系大部分时间是负的相依关系，但其中，2006—2007 年和2012—2013 年为正相依关系，这与静态 Copula 结果一致，即存在短时间的正相依关系。因此，动态的 Clayton Copula 的负相依关系的结果更准确一些，即随着人民币的升值，出口商品的价格上升，出口商品的价格上升会使出口量下降。

十　云南省与文莱贸易方面

在人民币汇率与云南省对文莱出口贸易的相依关系中，静态 Gumbel Copula 存在非常显著的正相依关系。从动态的 Clayton Copula 图中我们可以看到，2012—2015 年为负相依关系，其余大部分时间是正的相依关系，这与静态 Copula 结果一致。因此，我们没有得到预计的结果（即随着人民币的贬值，出口商品的价格下降，出口商品的低价会促使出口量增长）。

综合上述结果来看，人民币汇率波动对云南与大部分的东盟国家进出口贸易产生了巨大的影响。同时为了避免忽略 J 曲线效应，即在汇率变化后，贸易收支状况会出现先恶化后好转的过程，本书同时结合了静态 Copula 与动态 Copula 模型分析后发现，云南省对于缅甸的进口，云南省对越南 2009—2013 年的进口，云南省对于新加坡的进口，云南对马来西亚的进口，云南对印度尼西亚的进口；云南省对越南的出口，云南省对老挝的出口，云南省对柬埔寨的出口，云南对马来西亚的出口，云南对菲律宾的出口都符合弹性调节法的假设。即随着人民币的升值，进口商品的价格下降，进口商品的低价会促使进口量增长；随着人民币的升值，出口商品的价格上升，出口商品的价格上升会使出口量下降。

传统的静态 Copula 理论以及动态 Copula 理论主要是二元模型。当分析人民币汇率和云南省对东盟国家进出口贸易之间多个变量的相互影响时，可能会陷入要同时构建多个变量的相依模型的困境。而高纬化也正是目前对于传统二元 Copula 模型构建的一个难题。因此本书运用了可以研究多元非线性相关性的藤结构 Copula 模型来研究人民币汇率与云南省对东盟国家进出口贸易之间的多个变量的相互影响。在人民币汇率对云南省与 GMS 国家进口贸易之间的相互影响的 C 藤结构 Copula 模型中，我们得出：伴随着人民币汇率的贬值和云南对于缅甸进口额的下降，云南省对于其他 GMS 国家的进口同时也会下降。而在 D 藤结构 Copula 模型中，我们发现当云南对缅甸进口发生变化时可能会导致云南对越南进口额出现极值。同时研究发现在云南对泰国、云南对越南、云南对老挝的进口之间存在显著的正相依性。GMS 各国有着非常相近的宏观经济环境；对云南出口有着非常相近的出口结构，当人民币发生贬值，云南对缅甸的进口下降时，会导致云南对于其他 GMS 国家进口的大幅度下降。在人民币汇率与云南省对非 GMS 的东盟国家进口贸易之间的 C 藤结构 Copula 模型中，我们发现，汇率和云南对新加坡进口之间存在显著的正相依关系。而在 D 藤结构 Copula 模型中，我们发现，当云南对印度尼西亚进口额发生变化时可能会导致汇率和云南对马来西亚进口出现极值。云南对印度尼西亚进口的主要商品为鱼、咖啡、棕榈液油、铁矿砂及精矿、铜矿砂及精矿等。[1] 云南进口自马来西亚的商品主要是锡矿。[2] 两国同质产品为矿石类产品，而矿石类产品的进口容易受到汇率波动的影响。

在人民币汇率与云南省对 GMS 国家出口贸易之间相互影响的 C 藤结构 Copula 模型中，我们发现，当人民币对美元大幅度贬值或升值时，云南对缅甸和老挝的出口将同时大幅度上升或者下降的概率较大。根据上述结果，缅甸是云南省在 GMS 国家中出口额最高的国家。云南省向缅甸出口商品种类繁多，以机电产品、农用机械、纺织品、化工原料、建筑材料等产品为主，云南省出口到老挝的主要商品是烟草、电力、化学肥料、钢铁制品、内燃发动机等。同质产品有化工和机电产品，而化工和机电产品由于价格弹性较高，较容易受到汇率波动的影响。而在 D 藤结构 Copula 模型中，云南省对泰国的出口和云南省对老挝的出口同时出现一起剧烈上升、一起剧烈下降的正相依关系的概率较大。云南省对泰国主要出口商品包括鲜花、蔬菜、磷化工产品、机电产品。云南省对老挝出口商品主要有烟草、电力、化学肥料、钢铁制品、内燃发动机等。同质的产品有化工产品和机电产品，且老挝和泰国具有引力模型当中文化亲和性，即两国语言相似，因此云南省对泰国和老挝出口的相依

---

[1] 《云南省商务厅关于赴斯里兰卡、新加坡和印度尼西亚开拓国际市场的通知》，云南商务之窗，2015 年 4 月 24 日。

[2] 徐婷：《云南食品企业组团探路东南亚市场》，《昆明日报》2017 年 5 月 26 日。

关系很高。云南省对 GMS 地区主要出口的商品是机电产品、农产品、纺织品及服装和化肥①，其中机电产品是云南省对外出口的支柱产品。而云南省出口到 GMS 国家的部分机电产品和化工产品依靠的是简单机械设备进行的粗加工，出口产品技术附加值较低，出口量的规模扩张依赖于出口数量的增长，而不是产品质量的提升，盈利能力较弱。② 再加之云南省对缅甸、泰国和老挝出口的机电产品和化工产品，价格弹性较大，竞争力较弱，一旦出现人民币汇率的波动，就容易影响到该产品的出口。在人民币汇率的波动对云南省与主要非 GMS 的东盟国家的出口贸易影响的研究中，在 C 藤结构 Copula 模型中，我们发现当人民币对美元大幅度贬值或升值时和云南省对印度尼西亚出口上升或者下降可能会导致云南省对马来西亚和新加坡出口额出现极值。根据上述结果，云南省出口印度尼西亚的主要商品有鲜花、蔬菜、水果、食品、咖啡、烟草等。③ 云南省对马来西亚以出口新鲜水果、蔬菜、烟草和磷化工等产品为主，云南省出口到新加坡的主要商品是船舶、烟草、鲜花和磷肥等。④ 同质的产品有鲜花、水果和磷肥等产品。而这类出口产品容易受到汇率波动的影响。在 D 藤结构 Copula 模型中，我们发现当人民币对美元大幅度贬值或升值时可能会导致云南省与印度尼西亚的出口上升或者下降。

第二节　实证结论分析

从模型结果我们可以看出云南省因内部产业趋同而造成的对东盟国家进出口贸易缩减的问题较为突出。云南省对东盟各国出口贸易结构存在出口商品附加值低、竞争力较弱，尤其是贸易方式单一和区域间的互

---

① 刘稚、邵建平：《大湄公河次区域合作：进展与展望（2015）》，社会科学文献出版社 2015 年版，第 116 页。

② 马国群、刘宏楠：《云南边境贸易发展现状、问题及对策》，《市场论坛》 2016 年第 8 期。

③ 《云南省商务厅关于赴斯里兰卡、新加坡和印度尼西亚开拓国际市场的通知》，云南商务之窗，2015 年 4 月 24 日。

④ 《云南省商务厅关于赴马来西亚、新加坡、东帝汶开拓国际市场的通知》，云南商务之窗，2017 年 4 月 28 日。

补性优势未充分发挥等问题。微观上，机电、化工、鲜花企业一旦在缅甸、越南、老挝、柬埔寨、印度尼西亚、马来西亚和新加坡出现产品竞争力下降，将会导致云南省对东盟国家的出口量大幅度下降。此外，云南省与东盟各国贸易发展结构不太平衡，如跟缅甸、泰国、越南、印度尼西亚、马来西亚和新加坡的进出口量比较大，而同时期同柬埔寨和文莱的进出口量就比较少。

在模型结果中，本书发现人民币汇率的波动对云南省与东盟国家的进出口贸易造成了很大程度的影响，尤其对于云南省对缅甸的进口，云南省对越南 2009—2013 年的进口，云南省对于新加坡的进口，云南省对马来西亚的进口，云南省对印度尼西亚的进口；云南省对越南的出口，云南省对老挝的出口，云南省对柬埔寨的出口，云南省对马来西亚的出口，云南省对菲律宾的出口影响比较显著。云南省进出口贸易多以美元或贸易国货币作为计价结算货币，在汇率不稳定的情况下，云南省外贸企业与周边的东盟国家尤其是缅甸、越南、老挝、柬埔寨、新加坡、马来西亚、印度尼西亚、菲律宾的贸易活动的汇率风险加大（模型结果中人民币汇率波动对云南与泰国进出口；人民币汇率波动对云南与文莱的出口影响的相依关系不显著）。2016 年人民币汇率出现持续贬值，而 2017 年人民币汇率的波动有出现加剧的趋势，汇率风险的加大，对云南省外贸企业与东盟国家进出口贸易造成了一定程度的影响，同时对中国—东盟国家贸易的稳定发展形成了严峻挑战。

云南省作为汇率的被动接受者，不能对人民币汇率调整进行决策。为解决微观层面企业面临的汇率风险问题，应该建立规避汇率风险的有效机制。云南省应该大力推进人民币周边区域化，扩大人民币跨境使用，进一步发挥人民币在跨境交易中的计价和结算职能，提高东盟国家市场主体对人民币的接受程度。降低东盟国家内贸易汇率风险及第三方货币结算风险。

为解决微观层面企业面临的汇率风险问题，促进中国对外贸易稳定发展，打破宏观层面国际收支失衡和外汇储备困境，2009 年 7 月 1 日，中国人民银行会同五部委发布了《跨境贸易人民币结算试点管理办法》，为人民币国际化初级阶段战略——跨境贸易人民币结算拉开了帷幕。2016 年 2 月 18 日，中国银行发布 2015 年 12 月跨境人民币指数（CRI）报告。从图 16－1 中可以看出，2015 年 12 月中国银行 CRI 指数为 276 点。从 2016 年全年的情况来看，CRI 指数 8 月之前呈现震荡走高的趋势，之后受境内外市场人民币汇率波动、美联储加息、经济下行压力加大等多重因素的影响出现大幅度的下降，但全年仍实现小幅提升。

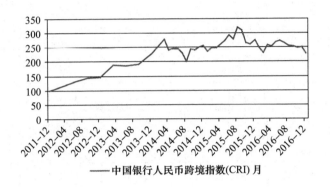

图 16 - 1　跨境人民币指数（CRI）

资料来源：中国银行。

2013 年 11 月 27 日央行联合多部委印发《云南省、广西壮族自治区建设沿边金融综合改革试验区总体方案》，该方案是中国继上海自由贸易试验区之后批复的第二个区域性综合改革试验区方案，方案旨在促进人民币周边区域化，提升两省区对外开放和贸易投资便利化水平，推动沿边开放实现新突破。2014 年 12 月 20 日，李克强总理在 GMS 经济合作第五次领导人会议开幕式时发表了题为《携手开创睦邻友好包容发展新局面》的报告，报告提出，"中方将与湄公河流域国家开展跨境贸易本币结算试点，扩大本币直接兑换规模，支持双方扩大经贸合作"。根据 2015 年第四季度中国货币政策执行报告统计，2015 年，跨境人民币收付金额合计 12.1 万亿元，同比增长 22%。但根据表 16 - 3 可知，2015 年，人民币跨境结算地区前 3 名是广东省、上海市和北京市，而云南省没有出现在前 9 名的榜单中。另据中国人民银行统计（见图16 - 2），从 2010 年跨境人民币结算启动后，云南办理跨境人民币结算规模远远小于地理位置相近的广西，只有 752.30 亿元，仅相当于广西的五分之二。目前，云南省人民币跨境结算正处于起步阶段。

表 16 – 3   2015 年分地区跨境人民币收付情况

序号	地区	经常项目	资本和金融项目	合计	占比（%）
1	广东	18995.6	11014.3	30009.9	24.8
2	上海	12025.1	15432.1	27457.2	22.7
3	北京	6960.2	5309.6	12269.8	10.1
4	浙江	8535.9	1769.2	10305.1	8.5
5	江苏	5364.4	3201.3	8565.8	7.1
6	福建	2916.4	3338.0	6254.5	5.2
7	山东	3234.1	2059.0	5293.1	4.4
8	天津	2163.5	947.5	3110.9	2.6
9	其他地区	12148.4	5627.2	17775.5	14.7
10	合计	72343.6	48698.2	121041.8	100.0

资料来源：中国人民银行，《2016 人民币国际化报告》。

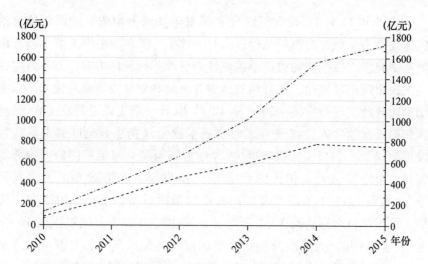

--- 辖内银行办理跨境人民币结算金额：广西   --- 辖内银行办理跨境人民币结算金额：云南

图 16 – 2   云南省和广西办理跨境人民币结算金额

资料来源：Wind 资讯。

第三节　政策建议

一　借助"一带一路"倡议和澜沧江—湄公河合作（LMC）的良好时机，构建新的产业体系、推动合作再上新台阶，进一步扩大与东盟国家贸易规模和水平

云南省应借助"一带一路"倡议与澜沧江—湄公河合作（LMC）的良好时机，利用自身优势主动作为，加快产业结构调整、更新产业体系、形成经济发展的新动能。并集中人、财、物资源，注重重点行业领域、精心谋划、重点突破，统筹好产业链，实现资源的优化配置，逐步在东盟国家形成除了机电、化工、鲜花出口产业外具有竞争力的多种优势产业。大力促进工业和服务贸易的快速发展，保持由优势互补带来的贸易量增加，从而避免因产业趋同而造成的贸易缩减。

二　优化云南省贸易结构，实现多种贸易方式的共同发展

云南省应借助"一带一路"倡议，加强基础设施建设，加大对支柱出口产业如机电、化工、鲜花产业的政策、资金和技术支持，带动其他产业联动发展。提升机电、化工、鲜花出口产品的科技附加值，改善产品质量，提升产品竞争力。同时大力发展具有云南省特色的高原产业、生物医药和大健康产业，并利用南博会等各类世界级的推广平台对云南省的特色高原产品、生物医药产品、大健康产品进行推广，实现地区间贸易商品结构的优势互补，鼓励多种贸易方式的共同发展，达到优化云南省贸易结构、推动云南省贸易发展的目的。

三　扩大人民币在东盟国家跨境使用

尤其优先鼓励云南省对缅甸的进口企业，云南省对越南的进出口企业，云南省对老挝的出口企业，云南省对柬埔寨的出口企业，云南省对新加坡的进口企业，云南对马来西亚的进出口企业，云南对印度尼西亚的进口企业和云南对菲律宾的出口企业在贸易结算中使用人民币跨境计价和结算。优先加强与缅甸、越南、老挝、柬埔寨、新加坡、印度尼西亚、马来西亚和菲律宾国家支付清算系统的合作及跨境人民币结算通道建设，畅通跨境支付结算渠道。支持银行业金融机构和支付机构为缅甸、越南、老挝、柬埔寨、新加坡、印度尼西亚、马来西亚和菲律宾各国优先提供跨境支付服务，优先推动云南省银行与缅甸、越南、老挝、柬埔寨、新加坡、印度尼西亚、马来西亚和菲律宾各国银行间建立代理结算关系,搭建多层次、多币种的跨境结算渠道。推进人民币跨境支付系统在云南省与东盟国家人民币跨境结算中的应用,实现云南与东盟各国银行间的互联互通,提高人民币在东盟跨境结算的安全性、便利性、高效性。

四 提高东盟各国外贸企业和市场对人民币结算的接受程度

在扩大人民币在东盟国家跨境使用中,为提高东盟各国外贸企业与市场对人民币结算的接受程度,目前应该积极深入缅甸、越南、老挝、柬埔寨、新加坡、印度尼西亚、马来西亚和菲律宾,广泛宣传跨境人民币的业务与政策。以此为重点推进云南省对缅甸的进口企业、对越南的进出口企业、对老挝的出口企业、对柬埔寨的出口企业、对新加坡的进口企业、对马来西亚的进出口企业、对印度尼西亚的进口企业、对菲律宾的出口企业在跨境贸易中使用人民币结算。

五 注重本外币特许兑换业务的发展

以市场需求为导向,努力将云南建设成为我国非主要国际储备货币特许兑换业务的示范基地;构建人民币对东盟各国的非主要国际储备货币交易市场。

六 建立人民币对东盟各国的非主要国际储备货币交易市场

优先畅通人民币与缅甸、越南、老挝、柬埔寨、新加坡、印度尼西亚、马来西亚和菲律宾的非主要国际储备货币汇率机制形成通道。以人民币兑换老挝基普、越南盾等东盟国家货币为突破口,积极推进非主要国际储备货币的区域及柜台挂牌业务;形成以市场供需为基础的人民币与非主要国际储备货币兑换汇率定价机制。推动本外币特许兑换机构的跨境合作。积极引导特许兑换机构与东盟各国的兑换机构合作,优先实现本地特许兑换机构在缅甸、越南、老挝、柬埔寨、新加坡、印度尼西亚、马来西亚和菲律宾设立分支机构,并逐渐辐射到南亚、东南亚等国家。

七 积极探索拓宽人民币在东盟各国的回流机制及优化路径

优先支持相关银行在缅甸、越南、老挝、柬埔寨、新加坡、印度尼西亚、马来西亚和菲律宾各国开设境外机构人民币银行结算账户、简化跨境人民币结算手续和审核流程、促进贸易投资便利化。积极探索本外币现钞跨境调运模式,优先推进缅甸、越南、老挝、柬埔寨、新加坡、印度尼西亚、马来西亚和菲律宾的非主要国际储备货币现钞调剂中心建设。通过创新外币现钞调运渠道、流程、结算方式，丰富和拓宽非主要国际储备货币跨境调运的优化路径。

综上所述，为了解决微观层面企业面临的汇率风险问题并建立规避汇率风险的有效机制，云南省应该切实推动云南与东盟国家贸易人民币结算的平稳运行，从而降低中国—东盟自贸区贸易汇率风险及第三方货币结算风险，同时为了宏观上促进云南省对外贸易稳定发展。云南省应该利用自身优势，优化产业结构，鼓励多种贸易方式的共同发展。从而全面推进云南省与东盟国家的经贸合作，提升云南贸易便利化水平，进一步夯实中国的周边战略依托，"以经促政"，实现"一带一路"倡议在东南亚方向的重要突破。

参考文献

一 中文部分

[1] 《推动共建丝绸之路经济带和 21 世纪海上丝绸之路的愿景与行动》，中华人民共和国商务部，2015 年 3 月 30 日。

[2] 《云南省人民政府办公厅印发关于提升金融创新能力建设面向南亚东南亚金融服务中心等 5 个实施方案》，云南省人民政府，2016 年 10 月 29 日。

[3] 曹伟、倪克勤：《人民币汇率变动的不完全传递——基于非对称性视角的研究》，《数量经济技术经济研究》2010 年第 7 期。

[4] 陈平、刘兰凤、袁申国：《基于汇率传递的中国进出口企业定价能力研究——时变参数状态空间模型》，《国际贸易问题》2016 年第 7 期。

[5] 陈时勇、于洪羽：《云南、广西参与国际区域合作，实施"一带一路"战略的平台和机制比较研究——兼议滇桂合作》，《东南亚纵横》2015 年第 7 期。

[6] 陈莺：《云南与东盟农产品贸易的影响因素及应对策略》，《农业经济》2017 年第 3 期。

[7] 程敏：《滇越边境贸易发展与云南省经济增长关系实证分析》，《商业时代》2015 年第 12 期。

[8] 程敏、唐兴旺：《云南省经济增长与滇越边境贸易关系及发展前景展望》，《对外经贸》2014 年第 1 期。

[9] 崔百胜：《基于 Pair Copula - GARCH - t 的人民币汇率波动实证分析》，《上海师范大学学报》（哲学社会科学版）2011 年第 40 期。

[10] 崔庆波：《汇率升值背景下云南省出口商品结构特征及其规律分析（2005—2011）》，《云南社会主义学院学报》2013 年第 2 期。

[11] 戴永红、曾凯：《澜湄合作机制的现状评析：成效、问题与对

策》,《国际论坛》2017 年第 4 期。

[12] 丁志吉:《云南对东盟农产品出口贸易存在的问题及对策分析》,
《对外经贸》2013 年第 11 期。

[13] 方超:《人民币实际汇率升值与云南省出口商品结构调整》,硕士
学位论文,云南财经大学,2008 年。

[14] 傅强、郭娜: 《基于多元 Skst – Copula 函数的资产组合 VaR 计
算》,《重庆工学院学报》(自然科学版)2009 年第 23 期。

[15] 高永霞:《人民币汇率、进出口对通货膨胀的联动效应研究——
基于 VAR 模型的实证分析》,《广西财经学院学报》2014 年第
4 期。

[16] 郭元丽、余泳:《云南—柬埔寨“政热经冷”现象的解析及对策
研究》,《中国市场》2015 年第 16 期。

[17] 国舒云、苗烨、宋晨曦等:《人民币汇率变动对云南与东盟的贸
易影响——基于加工食品、矿产品贸易的实证研究》,《中国电子
商务》2012 年第 24 期。

[18] 胡根华:《人民币与国外主要货币的尾部相依和联动》,《统计研
究》2015 年第 32 期。

[19] 胡健、常志有:《零关税下云南与泰国果蔬贸易分析》,《投资与
合作》(学术版)2014 年第 12 期。

[20] 胡宗义、刘亦文:《人民币升值对中国制造业影响的动态 CGE 研
究》,《数量经济技术经济研究》2010 年第 11 期。

[21] 黄恩喜:《基于藤结构的 Pair Copula – GARCH 模型及其应用》,
硕士学位论文,中国科学技术大学,2010 年。

[22] 黄万阳、王维国:《人民币汇率与中美贸易不平衡问题——基于
HS 分类商品的实证研究》,《数量经济技术经济研究》2010 年第
7 期。

[23] 霍强、蒋冠:《中国—东盟自贸区框架下的沿边开发开放与边界
效应演化——基于全国和广西、云南的数据分析》,《广西社会科
学》2017 年第 8 期。

[24] 姬强、刘炳越、范英:《国际油气价格与汇率动态相依关系研究:
基于一种新的时变最优 Copula 模型》,《中国管理科学》2016 年
第 24 期。

［25］旷乾、汤金丽：《中国与泰国农产品的贸易竞争性与互补性分析》，《理论探讨》2012 年第 5 期。

［26］李晨阳：《从桥头堡到辐射中心——云南对外开放的探索》，《世界知识》2015 年第 10 期。

［27］李晨阳、杨祥章：《近代云南与缅甸的贸易往来及其影响》，《中国边疆史地研究》2013 年第 1 期。

［28］李丹、李跃波：《大湄公河次区域经济发展水平比较与分析》，《新西部》（理论版）2015 年第 6 期。

［29］李宏彬、马弘、熊艳艳、徐嫄：《人民币汇率对企业进出口贸易的影响——来自中国企业的实证研究》，《金融研究》2011 年第 2 期。

［30］李继云：《滇越贸易对云南经济增长的贡献分析》，《旅游纵览月刊》2013 年第 2 期。

［31］李继云：《基于 SWOT 分析的中越边境贸易发展研究》，《价格月刊》2013 年第 3 期。

［32］李杰梅、杨扬、戢晓峰：《基于引力模型的跨国运输走廊边疆外贸效应研究——以昆曼公路为例》，《昆明理工大学学报》（社会科学版）2016 年第 1 期。

［33］李艳丽、杨峰：《人民币汇率及预期对进口价格的门限传递效应：考虑边际成本可变性的分析》，《世界经济研究》2016 年第 10 期。

［34］李燕：《云南省对越边境贸易及跨境贸易人民币结算研究》，《红河学院学报》2012 年第 10 期。

［35］刘成庚：《包容性视角下云南边境贸易现状研究》，《商》2016 年第 29 期。

［36］刘伟：《边境地区边贸经济发展存在的问题及对策——以云南为例》，《经贸实践》2015 年第 8 期。

［37］刘尧成：《国际货币政策溢出效应、人民币汇率与中国贸易差额——基于 TVP－VAR－SV 模型的动态影响关系分析》，《世界经济研究》2016 年第 6 期。

［38］刘稚、邵建平：《大湄公河次区域合作：进展与展望（2016）》，社会科学文献出版社 2016 年版。

［39］吕娅娴：《云南与东盟地区人民币结算中的问题及对策分析》，《时代金融》（旬刊）2013 年第 8 期。

［40］罗圣荣：《影响云南"桥头堡"建设的境外因素研究》，《印度洋经济体研究》2014 年第 1 期。

［41］马锋、魏宇、黄登仕：《基于 Vine Copula 方法的股市组合动态 VaR 测度及预测模型研究》，《系统工程理论与实践》2015 年第 1 期。

［42］马国群：《云南边境贸易竞争性与互补性研究》，《广东经济》2016 年第 12 期。

［43］马麟艳、肖留春：《人民币实际汇率变动与云南省进出口的实证研究》，《云南财贸学院学报》（社会科学版）2007 年第 22 期。

［44］彭健：《关于发展云南对越贸易的比较研究》，《科技信息》2012 年第 2 期。

［45］苏振东、逯宇铎：《人民币实际汇率与中国进出口贸易结构变迁（1997～2007 年）——基于多种模型的动态分析》，《数量经济技术经济研究》2010 年第 5 期。

［46］谭启英：《新时期滇缅贸易发展战略研究》，《现代经济信息》2015 年第 3 期。

［47］檀怀玉：《云南与东盟贸易流量的实证研究——基于贸易引力模型》，《安徽行政学院学报》2015 年第 1 期。

［48］佟家栋、许家云、毛其淋：《人民币汇率、企业出口边际与出口动态》，《世界经济研究》2016 年第 3 期。

［49］屠年松、李德焱：《云南省与东盟各国货物贸易分析》，《东南亚纵横》2010 年第 2 期。

［50］王劲惠、史红亮、杨俊等：《滇越、桂越双边贸易影响因素分析》，《合作经济与科技》2015 年第 14 期。

［51］王相宁、张思聪：《基于汇改视角的人民币汇率与黄金价格相关性研究》，《管理现代化》2015 年第 35 期。

［52］王育谦：《云南省与泰国农业合作的现状与前景分析》，《东南亚纵横》2010 年第 6 期。

［53］韦艳华、张世英：《Copula 理论及其在金融分析上的应用》，清华大学出版社 2008 年版。

［54］ 文淑惠、黄世明：《云南对东盟直接投资的影响因素研究——基于系统广义矩估计方法的实证分析》，《昆明理工大学学报》（社会科学版）2013 年第 13 期。

［55］ 吴恒煜、陈鹏、严武等：《基于藤 Copula 的多资产交换期权模拟定价》，《数学的实践与认识》2011 年第 41 期。

［56］ 吴恒煜、胡根华、吕江林等：《人民币汇率市场化，结构相依与结构突变》，《数理统计与管理》2016 年第 35 期。

［57］ 吴智昊：《基于变结构 Copula 模型的股市与汇市间波动溢出效应研究》，《金融发展研究》2015 年第 2 期。

［58］ 夏禹、杨永华：《浅析人民币升值对云南进出口贸易的影响》，《时代金融》（旬刊）2016 年第 1 期。

［59］ 肖霆、牙冬棉：《人民币汇率变动对广西出口商品价格影响研究——基于广西与东盟国家贸易数据》，《财务与金融》2014 年第 3 期。

［60］ 肖杨、刘秀玲：《云南与东盟贸易发展情况研究》，《商场现代化》2014 年第 25 期。

［61］ 熊彬、马世杰：《云南企业对东南亚欠发达国家投资动因与障碍研究——以老挝为例》，《科技与经济》2015 年第 28 期。

［62］ 熊彬、牛峰雅：《桥头堡战略下云南与东盟农产品贸易研究》，《学术探索》2014 年第 2 期。

［63］ 熊彬、牛峰雅：《云南与 GMS（东盟）国家农产品产业内贸易研究》，《江苏商论》2013 年第 9 期。

［64］ 熊彬、褟巨能：《大湄公河次区域合作对云南—GMS 贸易绩效分析——基于引力模型实证研究》，《经济问题探索》2011 年第 6 期。

［65］ 许婕：《人民币汇率的传递效应与抑制通胀的货币政策选择》，《统计与决策》2013 年第 13 期。

［66］ 杨凤：《中国东盟自贸区建设背景下云南—东盟农产品贸易效应分析》，《农业经济》2016 年第 4 期。

［67］ 杨珂：《中国—东盟自由贸易区下的云南河口口岸贸易：机遇与挑战》，《红河学院学报》2013 年第 6 期。

［68］ 杨珂、张利军：《云南省与东盟农产品产业内贸易研究》，《东南

亚纵横》2015 年第 6 期。

[69] 杨珂、张利军、李丽：《云南农产品在东盟市场的竞争力研究》，《兰州商学院学报》2015 年第 4 期。

[70] 姚鹏、卢正惠：《基于产业视角下的云南省与 GMS 五国贸易动因研究》，《东南亚纵横》2011 年第 3 期。

[71] 易文德：《基于 Copula 理论的金融风险相依结构模型及应用研究》，博士学位论文，西南交通大学，2010 年。

[72] 余磊：《缅甸与云南经贸发展现状、问题与对策》，《经贸实践》2017 年第 3 期。

[73] 余琼花：《人民币升值对云南进出口影响实证分析》，《合作经济与科技》2008 年第 12 期。

[74] 曾秋梅、张义伟、王艳：《"一带一路"战略背景下滇越农产品外贸物流分析》，《物流技术》2015 年第 34 期。

[75] 张晨、杨玉、张涛：《基于 Copula 模型的商业银行碳金融市场风险整合度量》，《中国管理科学》2015 年第 23 期。

[76] 张国富、杜子平、张俊：《基于混合 C 藤 Copula 的我国一篮子货币汇率相依结构研究》，《数学的实践与认识》2014 年第 44 期。

[77] 张国富、皇甫星、杜子平等：《基于 R 藤的人民币汇率相依结构参数估计不确定性分析》，《世界经济研究》2015 年第 12 期。

[78] 张峻、袁天昂：《人民币实际有效汇率波动对我国贸易的影响分析——1996 年 1 月—2012 年 7 月》，《时代金融》（下旬）2014 年第 6 期。

[79] 张陆洋、葛加国、钱东平：《人民币汇率变动对中美贸易差额的动态影响》，《统计与决策》2015 年第 13 期。

[80] 张梅：《滇缅贸易与云南经济增长关系的实证研究》，《知识经济》2014 年第 14 期。

[81] 张悟移、刘佳：《"山珍换海鲜"云南—新加坡贸易探讨》，《中国商论》2014 年第 14 期。

[82] 张颖婕：《浅析人民币升值对云南省中小企业"走出去"的影响及对策研究》，《社科纵横》（新理论版）2013 年第 2 期。

[83] 张云、李秀珍、唐海燕：《人民币贬值和升值的贸易效应一致吗：基于 ARDL 误差校正方法的检验与比较》，《世界经济研究》2017

年第 11 期。

[84] 赵欢：《浅议滇越边境贸易发展的现状与对策》，《知识经济》2016 年第 17 期。

[85] 赵俊、道金荣、蔡晓琳等：《云南蔬菜出口新加坡情况介绍及分析》，《长江蔬菜》2017 年第 8 期。

[86] 赵梅、袁静梅、谭淑娟：《中国云南省参与大湄公河次区域贸易状况及对策研究》，《东南亚纵横》2012 年第 11 期。

[87] 赵颖岚、邓知博：《贸易收支弹性理论静态和动态影响实证研究——基于我国主要贸易伙伴国整体的数据》，《经济问题探索》2015 年第 4 期。

[88] 周常春、卢哲：《云南与东盟的矿产资源合作研究》，《资源开发与市场》2012 年第 28 期。

[89] 周爽：《云南周边人民币区形成的条件及发展现状》，《时代金融》（中旬）2015 年第 1 期。

二　英文部分

[1] Aloui, Riadh, and M. S. B. Aïssa, "Relationship between Oil, Stock Prices and Exchange Rates: A Vine Copula Based GARCH Method", *North American Journal of Economics & Finance*, No. 37, 2016, pp. 458 – 471.

[2] Ané, Thierry, and C. Labidi, "Spillover effects and conditional dependence", *International Review of Economics & Finance*, Vol. 15, No. 4, 2007.

[3] Baak, Saang Joon, "The Bilateral Real Exchange Rates and Trade between China and the U. S", *China Economic Review*, Vol. 19, No. 2, 2008.

[4] Bahmani – Oskooee, Mohsen, and J. Xu, "Impact of Exchange Rate Volatility on Commodity Trade Between U. S. and China: Is There a Third Country Effect", *Journal of Economics & Finance*, Vol. 36, No. 3, 2012.

[5] Bahmani – Oskooee, Mohsen, and S. W. Hegerty, "The Effects of Exchange – Rate Volatility on Commodity Trade between the United States and Mexico", *Southern Economic Journal*, Vol. 75, No. 4,

2009.

[6] Bartram, Söhnke M. , S. J. Taylor, and Y. H. Wang, "The Euro and European Financial Market Dependence", *Journal of Banking & Finance*, Vol. 31, No. 5, 2007.

[7] Berman, Nicolas, P. Martin, and T. Mayer, How do Different Exporters React to Exchange Rate Changes?, *Quarterly Journal of Economics*, Vol. 127, No. 1, 2012

[8] B. Hansen, "Autoregressive Conditional Density Estimation", *International Economic Review*, No. 35, 1994, pp. 705 – 730.

[9] Clayton, D. G. , "A Model for Association in Bivariate Life Tables and Its Application in Epidemiological Studies of Familial Tendency in Chronic Disease Incidence ", *Biometrika*, No. 65, 1978, pp. 141 – 151.

[10] Embrechts, P. , Lindskog, F. , & McNeil, A. , "Modeling Dependence With Copulas and Applications to Risk Management", *Handbook of Heavy Tailed Distributions in Finance*, 2003.

[11] Frank, M. J. , "On the Simultaneous Associativity of $F(x, y)$ and $x + y - F(x, y)$", *Aequationes Mathematicae*, No. 19, 1979, pp. 194 – 226.

[12] Genest, C. , Ghoudi, K. , & Rivest, L. P. , "A Semiparametric Estimation Procedure of Dependence Parameters in Multivariate Families of Distributions", *Biometrica*, Vol. 82, No. 3, 1995.

[13] Grier, Kevin B. , and A. D. Smallwood, "Exchange Rate Shocks and Trade: A Multivariate GARCH – M Approach", *Journal of International Money & Finance*, Vol. 37, No. 4, 2013.

[14] Gumbel, E. J. , "Distributions del Valeurs Extremes en Plusieurs Dimensions", *Publ. Inst. Statist.* , *Univ. Paris*, No. 9, 1960, pp. 171 – 173.

[15] Herger, Nils, "Market Entries and Exits and the Nonlinear Behaviour of the Exchange Rate Pass – Through into Import Prices", *Open Economies Review*, Vol. 26, No. 2, 2015.

[16] Hooy, Chee Wooi, L. Siong – Hook, and T. H. Chan, "The Impact of the Renminbi Real Exchange Rate on ASEAN Disaggregated Exports to China", *Economic Modelling*, No. 47, 2015, pp. 253 –

259.

[17] Joe, Harry, H. Li, and A. K. Nikoloulopoulos, "Tail Dependence Functions and Vine Copulas", *Journal of Multivariate Analysis*, Vol. 101, No. 1, 2010.

[18] Jondeau, E., & Rockinger, M., "Entropy Densities with an Application to Autoregressive Conditional Skewness and Kurtosis", *Journal of Econometrics*, Vol. 106, No. 1, 2002.

[19] Krugman, P. R. *Pricing to Market When the Exchange Rate Changes*, Social Science Electronic Publishing, 1986.

[20] Kurowicka, D., & Joe, H. *Dependence Modeling*: *Vine Copula Handbook*, World Scientific, 2011.

[21] Nadenichek, Jon, "The J – curve Effect: An Examination Using a Structural Vector Error Correction Model", *International Journal of Applied Economics*, Vol. 3, No. 2, 2006.

[22] Nelsen, R. B., An Introduction to Copulas, Springer Verlag, New York, 2006.

[23] Patton, Andrew J, "Estimation of Multivariate Models for Time Series of Possibly Different Lengths", *Journal of Applied Econometrics*, Vol. 21, No. 2, 2006.

[24] Pierre, A., &Maugis, "An Econometric Study of Vine Copulas", *International Journal of Economics and Finance*, Vol. 2, No. 5, 2010.

[25] Reboredo, Juan Carlos, M. A. Rivera – Castro, and G. F. Zebende, "Oil and US Dollar Exchange Rate Dependence: A Detrended Cross – correlation Approach", *Energy Economics*, Vol. 42, No. 1, 2014.

[26] Reboredo, Juan C., and M. A. Rivera – Castro, "A Wavelet Decomposition Approach to Crude Oil Price and Exchange Rate Dependence", *Economic Modelling*, No. 32, 2013, pp. 42 – 57.

[27] Reboredo, Juan C., "Modelling oil Price and Exchange Rate Co – movements", *Journal of Policy Modeling*, Vol. 34, No. 3, 2012.

[28] Salisu, Afees A., and H. Mobolaji, "Modeling Returns and Volatility Transmission Between Oil Price and US – Nigeria Exchange Rate",

Energy Economics, Vol. 39, No. 3, 2013.

[29] Sklar, A, "Fonctions de Réparitition àn Dimensions et Leurs Marges", *Publ l "Inst Stat l" Univ Paris*, No. 8, 1959, pp. 229 – 231.

[30] Truchis, G. D. , & Keddad, B, "On the Risk Comovements Between the Crude Oil Market and U. S. Dollar Exchange Rates", *Economic Modelling*, No. 52, 2016, pp. 206 – 215.

[31] Wang, Chun Hsuan, C. H. A. Lin, and C. H. Yang, "Short – run and Long – run Effects of Exchange Rate Change on Trade Balance: Evidence From China and its Trading Partners", *Japan & the World Economy*, Vol. 24, No. 4, 2012.

[32] Wu, Chih Chiang, H. Chung, and Y. H. Chang, "The Economic Value of co – movement Between Oil Price and Exchange Rate Using Copula – based GARCH Models", *Energy Economics*, Vol. 34, No. 1, 2012.

[33] Yuan X. , Tang, J. , "The Impact of Exchange Rate's Volatility on Yunnan's Export to Four Lancang – Mekong Cooperation Countries: A Vine Copula Model Approach", *International Journal of Intelligent Technologies and Applied Statistics*, Vol. 10, No. 4, 2017.

[34] Yuan, Xinyu, and Z. Chang, "Analysis of Fruit and Vegetable Exports and Imports, Exchange Rate, and Crude Oil Price on Economic Development of China: A GARCH – Vine Copula Model Approach", *Journal of Computational and Theoretical Nanoscience*, Vol. 13, No. 3, 2016.

[35] Yuan, X. , S. Sriboonchitta, and J. Tang, "Analysis of International Trade, Exchange Rate and Crude Oil Price on Economic Development of Yunnan Province: A GARCH – Vine Copula Model Approach", *Thai Journal of Mathematics*, Special Issue on : Copula Mathematics and Econometrics,2014, pp. 145 – 163.

[36] Yuan X. and Tang J. , "Dependence Evaluation on the Impact of Exchange Rate's Volatility on Yunnan's Import from Four GMS Countries: A GARCH – Vine Copula Model Approach", *International Journal of Intelligent Technologies and Applied Statistics*, Vol. 9, No. 4, 2016.